中国人的
语言艺术

安中玉◎编著

黑龙江美术出版社

图书在版编目（CIP）数据

中国人的语言艺术 / 安中玉编著 . -- 哈尔滨 : 黑龙江美术出版社 , 2024. 10. -- ISBN 978-7-5755-0720-2

Ⅰ . H119

中国国家版本馆 CIP 数据核字第 2024CC2062 号

书　　名：中国人的语言艺术

ZHONGGUOREN DE YUYAN YISHU

出 版 人：乔　靓
编　　著：安中玉
责任编辑：李　旭
装帧设计：黄　辉
出版发行：黑龙江美术出版社
地　　址：哈尔滨市道里区安定街 225 号
邮政编码：150016
发行电话：（0451）84270514
经　　销：全国新华书店
制　　版：姚天麒
印　　刷：三河市兴博印务有限公司
开　　本：710mm×1000mm　1/16
印　　张：10
字　　数：124 千字
版　　次：2024 年 10 月第 1 版
印　　次：2024 年 10 月第 1 次印刷
书　　号：ISBN 978-7-5755-0720-2
定　　价：59.00

注：如有印、装质量问题，请与出版社联系。

前言
foreword

　　中国，一个被誉为"礼仪之邦"的国度，其语言文化源远流长，博大精深。在这里，话术不仅仅是语言技巧，更是一种生活哲学，一种为人处世的态度。从平和谦逊的日常交流，到家长里短的温馨对话，再到职场中的精准沟通，以及演讲台上的慷慨陈词，话术无不体现了人们对人性、情感和社会关系的深刻理解。《中国人的语言艺术》正是基于这样的文化背景，旨在帮助读者更好地理解和运用这一常用的交流方式。它不仅仅是一部关于话术技巧的指南，更是一部传承和弘扬中华优秀传统文化的载体。

　　在书中，我们将深入探讨中国式话术的精髓，解析其在日常生活、职场工作、公开演讲等多个领域的应用，并结合现代社会的需求，为读者提供实用的建议和提示。在"平和谦逊的日常话术"部分，我们强调了尊重与谦逊的重要性，并向读者展示如何在日常对话中展现礼貌与智慧。通过掌握这些话术，我们可以更好地维系人际关系，促进人与人之间的和谐共处。"家长里短的生活话术"则聚焦于家庭和社会交往中的话语运用。我们探讨了如何巧妙地表达赞美与批评、如何委婉地提出意见，以及如何跨越年龄和身份的差异，实现有效的沟通。这些技巧不仅有助于我们处理家庭关系，还能提升我们在社会交往中的应对能力。在"驾驭工作的职场话术"中，我们介绍了在职场中如何运用话术技巧来融入团队、与上下级沟通、表达观点和处理冲突。这些建议对于提升职场竞争力、营造良好的工作氛围具有重要意义。"语惊四座的演讲话术"部分则专注于公开演讲的技巧和策略。我们探讨了如何设计引人入胜的开场与结尾、如何吸引听众的注意力、如何运用多样化的演讲风格以及如何与观众有效互动等。这些技巧不仅适用于演讲场合，还能提升我们在各种公共场合的表达能力。

在书中，我们融合了老祖宗的智慧和现代社会的需求，旨在帮助读者在现代社会中更好地运用话术技巧，实现个人的成长和社会的和谐。

此书案例中所涉人名均为化名。

目录
contents

第一章　平和谦逊的日常话术

平日里说话的小学问……………………………………… 2

普通对话中蕴含的礼貌之道……………………………… 6

融合老祖宗智慧的聊天…………………………………… 10

讲话留有余地，凡事留三分……………………………… 14

面子学问，对话里的小心思……………………………… 18

问候有温度，情谊在其中………………………………… 22

尊重他人，以低调为贵…………………………………… 26

巧妙话语，化解冲突……………………………………… 30

第二章　家长里短的生活话术

蕴藏在"吃饭了吗？"背后的情感……………………… 34

学会赞美和批评，让沟通更顺畅………………………… 38

委婉提意见，让他人更容易接受………………………… 42

良好的口才决定邻里和谐………………………………… 46

朋友聚会中的饮酒闲谈之道……………………………… 49

与陌生人交际的神奇能力………………………………… 53

旁观者清，简单话术化解他人矛盾……………………… 57

跨越年龄鸿沟，实现跨代畅聊…………………………… 61

诚恳地向朋友倾诉………………………………………… 65

甜蜜又适度的情侣悄悄话………………………………… 69

第三章　驾驭工作的职场话术

新员工的融入之道…………………………………………… 74

上下级沟通，把握好分寸…………………………………… 77

会议发言，使个人声音深入人心…………………………… 81

表达观点，须具备自信与底气……………………………… 85

客户关系管理：保持适当的距离…………………………… 89

与同事相处，真诚与智慧并重……………………………… 93

赞扬、激励与请教的语言艺术……………………………… 97

办公室八卦：笑而不语，淡然处之………………………… 101

面对困难时的求助语言技巧………………………………… 105

微信工作群沟通：表情包亦是重要元素…………………… 109

第四章　语惊四座的演讲话术

引人入胜的开场与结尾……………………………………… 114

触动人心，吸引听众的注意力……………………………… 118

逻辑清晰，确保信息准确传达……………………………… 122

多样化的演讲风格，避免单一模板………………………… 126

舞台之上的强大气场………………………………………… 130

自我信念为先，进而打动他人……………………………… 134

生动讲述，营造身临其境之感……………………………… 138

与观众有效互动，增强共鸣………………………………… 142

引用经典故事，提升演讲品质……………………………… 146

学习名家经验，塑造独特的演讲风格……………………… 150

第一章
平和谦逊的日常话术

　　在日常沟通中，平和谦逊的交流不仅是个人修养的体现，更是一门艺术。它能有效减少摩擦，营造和谐氛围。平和的态度让人感到舒适，愿意敞开心扉；谦逊则展现出对他人的尊重和清晰的自我认知，有助于促进谈话者开展深度交流。这种沟通方式能引起对方的共鸣，增强信任感，使交流更加顺畅，达成更多共识。平和谦逊，使每一次交谈都成为心灵的触碰，是人际关系中不可或缺的润滑剂。

平日里说话的小学问

日常交流中，说话的艺术蕴含着丰富的小学问。"口者，心之门户也。"言语不仅是表达思想、传递情感的工具，更是展现修养、体现情商高低的重要载体。人际沟通中80%的信息是由语言传递，剩余的则是由肢体语言等构成。在我们的日常生活中，适当的话术至关重要，可以达成彼此的意愿，而错误的话术则会适得其反。

无数案例告诉我们，得体的话语和恰当的表达能够让人在社交场合中脱颖而出，有事半功倍的效果。高情商的谈话者，能够敏锐捕捉对方的情绪变化，使人在沟通中得到情感的满足，反之则是话不投机半句多。

"萧何月下追韩信"的故事广为流传。秦末，韩信投奔项羽不得重用，转投刘邦仍不得重用，一气之下离开了刘邦大营。当萧何追上了韩信后，并没直接要求韩信跟他回去，而是说："我原本以为你是个

奇才，哪知你是个逃兵，是个懦夫！你说你要做大将军，我可没见过临阵脱逃的大将军。"

越是心高气傲的人，越受不了这种激将法，以韩信的智商，肯定知道萧何在激他，但萧何这充满讥讽的话，正是韩信无法忍受的。韩信当即就说："大王不愿封我为大将军，自有他的考虑，但我这一身的本事，怎能在这里一日日地耗着？"这是韩信的反激将法——不是我没本事，而是你们不懂知人善用。

精明的萧何马上回道：你要是跟我回去，我以性命担保，举荐你为大将军，如果不成，你取我性命，到时再走也不迟。话说到这份上，韩信心满意足地跟萧何回去了。

二人相互使用了激将法，既达到了各自的目的，又表明了态度，还维护了各自的尊严。

好吧，我跟你回去。

这就对了嘛。

显然，如果萧何直接要求韩信回去，韩信肯定不会回去的。聪明的萧何分析了当时的情境和韩信的心理以及性格，采用了激将法。看似讥讽埋怨的话语里充满了期盼和肯定，既达到了目的，又保留了双方的颜面。

　　平日里说话的学问涉及了很多方面，包括但不限于言辞的精准度、情绪的掌控、非言语信息的运用，以及倾听与表达的平衡。只有深入理解并熟练运用这些技巧，我们才能在人际交往中树立良好的形象，有效传递信息，同时建立和维护健康和谐的人际关系，为个人的事业发展和生活幸福奠定坚实基础。反之则是祸从口出，害人害己，言辞不当毫无疑问会破坏气氛，伤害情感，激起对方的负面情绪，甚至为自己树敌，造成无法挽回的伤害和影响。

　　东汉末年的杨修擅长诗赋，以才思敏捷、学识渊博著称，凭借他的才华，本可大有一番作为，可最终被曹操砍了头，后人对他的评价是恃才放旷，其实就是屡屡说错了话。

　　有一次，工匠们正在修建相国府的大门，他们刚刚架起了檩子，支起了椽子，曹操就来观察，他看了看，没有说话只在门上提了一个"活"字便离开。众人不解其意，杨修解释说，"门"内添"活"即为"阔"，曹操是嫌门太宽了。工匠们依此修改后，曹操非常满意，内心却对此有所顾虑，因为这反映出杨修可以轻易猜透他的心思，这在讲

究权谋与城府的曹操看来，可能是一种威胁。

在曹操攻打汉中的战役时，曾将口令设为"鸡肋"。杨修看后说道："鸡肋，鸡肋，食之无味、弃之可惜。"遂自行命令军士收拾行装准备撤退，并解释曹操即将退兵。此事传到曹操耳中，曹操以杨修"妄自猜测、动摇军心"为由将其处死。这次事件中，杨修的聪明和擅自行动触碰了曹操作为统帅的底线。

谨慎说话，避免冲动发言，也是维护人际关系和谐稳定的关键。错误的话术可能会造成误解、冲突或冷场。说话人使用的语言表达方式、沟通策略无法有效地达到预期效果，反而可能会引起误解、混淆、冲突或抵触情绪。站在对方的角度考虑问题，了解对方的需求和期待，根据不同的对象和场景选择适当的话语和态度，才是正确选择。

普通对话中蕴含的礼貌之道

　　我国贵为礼仪之邦，礼，从大国外交到日常生活，无处不在。而在我们的日常生活中，礼更多的指的是礼貌。礼貌通常扮演着至关重要的角色，它不仅是个人修养和社会化的体现，也是维护和谐人际关系和社会秩序的基石。礼貌的语言和行为能够减少人与人之间的误解和冲突，使交流更加顺畅。当人们以礼待人时，对方更倾向于敞开心扉，从而加深相互之间的理解和信任。无论职场面试、社交活动还是日常交往，礼貌的表现都能给人留下深刻且正面的印象。这不仅有助于个人形象的塑造，也为后续关系的发展奠定了良好基础。

　　小明是一名超市导购员，他看到一位老人面露难色地在寻找商品，小明上前问道："您好先生，有什么可以帮您的吗？"老人说："我想买大力牌的面粉，这里有吗？我怎么找不到啊！"小明说："您要找

的东西在前边呢，我带您去。"在小明的帮助下，老人买到了称心如意的面粉："谢谢你啊小伙子。"

"您甭客气，老人家。"

这几句简短的对话几乎每天都发生在我们身边，小明及时询问老人是否需要帮助，并亲自带着老人寻找，而不仅仅是给老人指路。事后老人也十分感谢小明，双方的话语中表现出对彼此的尊重。试想如果小明看到老人家的难处后对老人家说："嘿，老头，你找什么呢？"同样的意义表达，但这句话让人无法接受，因为没有礼貌，显得小明不懂尊卑长幼，毫无教养，这不仅起不到帮助老人的效果，还会适得其反地引起一场冲突。

使用礼貌用语是向对方传达尊重的关键方式。它体现了说话者对他人意见、感受等的重视。例如，请求他人协助时说"请问您能否……"；感谢他人帮助时说"非常感谢您的支持"；道歉时诚挚地说"真的很抱歉给您带来不便"，这些都显示了对他人价值和权益的尊重。

　　然而，即便是我们司空见惯的礼貌用语，在使用时也要区分情境和情感。

　　礼貌用语如果使用不当，可能掩盖或模糊实际的沟通意图。过于委婉或含糊的表达，可能让对方难以准确理解说话者的真正需求或立场，导致沟通效率降低。

　　如果不了解特定文化中的礼仪规则，错误地使用礼貌用语，会无意间冒犯他人。

　　在某些情况下，错误地使用礼貌用语可能导致关系紧张而非缓和。例如，对于明显的过错或不当行为，如果仅仅以礼貌的方式轻描淡写地提及，而没有明确表达不满或要求改正的意思，可能会被对方视为纵容或软弱。

　　在一个商务会议的开场，主持人试图以轻松幽默的方式活跃气氛，却不慎用错了礼貌用语，他说："欢迎各位尊贵的来宾，特别是那些'姗姗来迟'的朋友，希望你们为会议带来了不同凡响的迟到理由！"这番话表面上看似在用幽默化解迟到者的尴尬，但实际上让迟到者感受到了指责与难堪，也使整个会议室气氛变得微妙。

他说话阴阳怪气的。

这个主持人的情商好低。

尽管主持人意图使用礼貌语言，如"尊贵的来宾"，但在提到迟到者时，使用了带有些许讽刺意味的"姗姗来迟"，并暗示迟到需要"不同凡响的理由"，这实际上是对迟到者的一种间接批评。正确的做法应该是以更加包容和正面的语气进行开场，比如："非常高兴各位能在百忙之中抽空前来，无论早晚，每一位的到来都为我们的会议增添了价值。让我们直接进入正题，确保每位参会者都能从今天的讨论中获益。"

　　这个案例提醒我们，即便是出于良好意图的幽默或轻松尝试，也必须谨慎选择用词。

　　礼貌用语是社会交往的润滑剂，它能显著提升沟通质量，促进人际关系的和谐。恰当的礼貌表达能让对方感受到尊重与关怀，减少误解与冲突，建立积极的第一印象。在职场中，使用礼貌用语能增强团队合作，提升工作效率，展现个人专业素养；在日常生活中，使用礼貌用语可以缩短人与人之间的距离。使用礼貌语言还能体现个人情商与教养，帮助在多元文化环境中建立跨文化的尊重与融合。

融合老祖宗智慧的聊天

在中国传统文化中，尊崇祖先、传承智慧是重要的价值观，经典古籍中记载了许多关于人际交往、家庭伦理、社会秩序等方面的智慧。在语言沟通方面，祖先的智慧涵盖了尊重、倾听、真诚、委婉、适时沉默、和谐、以和为贵以及诚信等多个方面，这些都是我们在日常沟通交流中可以借鉴和实践的原则。祖先留下来了很多有关"聊天"的智慧，比如"言多必失""言之有物"等，也留下诸多传世之作来阐述语言的技术与艺术，比如《世说新语》《庄子》等。祖先对言语的把握和运用十分高级，一语定乾坤的事情屡有发生。

春秋时期，楚王命人在城门旁开了一个小门让晏子进入，意在讽刺晏子身材矮小及齐国地位低微。晏子回应说："只有到访狗国的人才从狗洞进。"暗示如果他从这门进去，则意味着楚国是狗国，迫使楚王打开大门迎接他。

您从这里进就足够了。

拜访狗国才进狗洞呢。

之后，楚王设宴款待晏子，席间楚王嘲讽齐国没有人才，才会派晏子这样的人来。晏子说："齐国派遣使臣，各有不同的规矩。那些有德有才的人，就被派遣出使到有德有才的君主所在的国家。无德无才的人，就被派遣出使到无德无才的君主那里。我最无德无才，所以只好出使到楚国来了。"让楚王无言以对。

然而，楚王并没有善罢甘休，当聊到身在楚国的齐人时，楚王讥讽齐国人善于偷盗时，说楚国的偷盗事件多是齐国人所为。晏子借淮南柑橘移到淮北变为枳的故事，指出环境改变事物的本质，暗喻齐人在齐国是良民，到了楚国才成为盗贼，是因为楚国的环境使然，再次机智地反驳了楚王的侮辱。

楚王三次刁难晏子，晏子均以巧妙且高明的语言化解，不失大国使者风范，成功维护了齐国尊严。

> 齐国人似乎品行不端。

> 这是受了环境的影响啊。

晏子与楚王的三次交锋，无不显示出了其高超的语言表达能力，回顾当时的情境：晏子贵为大使出使楚国，当受国之礼遇，楚王却三番刁难，晏子不卑不亢，既不失大使的身份，又维护了齐国颜面，同时他对楚王的反击又没有显现出过分的针锋相对。

在古人诸多的语言艺术和技术中，最突出的两个品质是"尊重谦逊"和"委婉含蓄"。

在与人交谈时，应保持谦虚有礼的态度。正如古语所说，"满招损，谦受益"，过度自满容易引发他人的反感，而谦逊则能赢得他人的好感和尊重。同时，尊重对方的观点和感受，即使存在分歧，也应用平和、理性的态度进行讨论。

中国传统文化中讲究含蓄内敛，不喜直白冲撞，多在聊天中运用比喻、双关等修辞手法，以委婉的方式表达意见或批评，既能传达信息，又能顾及对方颜面，有利于维护和谐的人际关系。

公司即将推出新产品，而关乎新产品的市场定位，正由分析师小李、产品设计师小王和销售经理小张组成项目组在对其进行讨论。

分析师小李以客观的数据为基础，分析了目标消费者的偏好。她说："这是我基于现有数据的初步分析，可能还有我没有考虑到的市场动态，请大家补充指正。"

产品设计师小王展示了设计初稿，并表示："我结合调研结果设计出吸引眼球的产品，但设计是需要不断迭代的，期待听到大家对设计的反馈，特别是小张，你直接面对客户，你的意见对我非常重要。"

小张，我需要听听你的意见。

没问题。

销售经理小张说："小王，你的设计很有创意，我从销售角度提几点建议。我认为我们需要更加突出产品的独特卖点，同时考虑控制成本，以确保价格竞争力。不过，我更希望了解市场分析和设计团队的考量，我们一起找到平衡点。"

讨论中，尽管意见有时相左，但团队成员始终互相尊重，没有人打断他人讲话，也没有人直接否定对方，而是通过提问和建议的方式，促进更深层次的理解。

通过特定的表达方式展现出对他人的尊重和自我谦逊的态度，这样的语言风格能够促进良好的人际关系，减少误解和冲突，建立和谐的交流环境。我们要多学习古人在这方面的智慧，学为己用，在工作生活中结合古人的智慧，创造和谐、高效的人际关系。

讲话留有余地，凡事留三分

"话到嘴边留半句，事从理上让三分。"是指在沟通交流时，不把话说得太满或太绝对，给自己和对方都留有一定的空间和可能性，这样可以在维护自身观点的同时，也尊重和包容他人的意见，促进对话的和谐与深入。所谓"谨言"才能"慎行"，话说得太满，会让发言者陷入没有退路的境地，一旦遭遇瓶颈或者挫折，毫无回旋的余地。尤其是在我们对不确定的事情发表意见时，更要留有余地，例如，"就我目前的认知而言，这似乎是一个可行的方案，不过我愿意听听其他人的意见。"不盲目地全盘肯定或者否定，谦逊地表达出不确定性。

诸葛亮七擒孟获的故事，便是古人讲话留有余地的经典案例。诸葛亮在南征过程中，面对蛮王孟获的多次反抗，每次将其擒获后，都以礼相待，释放而不杀，以此来收服人心。特别是在第一次擒获孟获后，孟获不服，认为是自己大意所致。诸葛亮没有用胜利者的姿态居

> 我只是一时疏忽罢了！

> 那么我放你回去如何？

高临下，而是以一种宽容和尊重的态度对孟获说："汝今被吾所擒，心犹不服，吾放汝去，若何？"（大意：你现在被我捉住了，心里还是不服气，我放你回去，你觉得怎么样？）

这句话充分展现了诸葛亮的智慧和对孟获的尊重，他在话语中留有余地，没有直接强迫孟获臣服，而是给予他重新选择的机会。这种策略不仅彰显了他高度的政治智慧，也体现了古人处理复杂关系时的留余哲学，即通过给予对方尊严和选择的空间，达到不战而屈人之兵的目的。最终，诸葛亮的策略成功地让孟获彻底信服，不仅稳定了南方边境，也展现了古代将领在军事征服与治理中对人性深刻的理解和尊重。

说话留有余地是一种明智的沟通策略，它在人际交往、商业谈判、团队管理等多个领域都非常实用。它可以增强说服力，促进开放性交流，维护和谐的关系，适应变化的同时提升个人形象，建立双方或者多方之间的信任。说话留有余地不仅是一种沟通技巧，更是一种高情商的表现，它能够帮助个体在复杂多变的社会环境中更好地与人相处，达成共识，推动事情向着积极的方向发展。

　　说话留有余地，凡事留三分好处多多，反之，说话不留余地，即在交流中采取过于绝对或强硬的表达方式，可能会导致一系列负面后果，比如：

　　增加冲突与对立：绝对化的言论容易引发对方的反感或防御心理，从而破坏沟通氛围。

　　限制思维与创新：当一方坚持己见时，团队或合作中的创意流动会被遏制。

　　损害人际关系：说话不留余地会影响团队合作和社会交往。

　　降低说服力：绝对化的表达往往缺乏说服力，难以让人信服。

　　影响决策质量：过分自信可能最终影响决策的正确性和有效性。

　　在一家初创公司中，CEO（首席执行官）在全体会议上宣布："我们的新产品将在本月上市，并且一定会在市场上引起轰动，成为同类产品的佼佼者，没有任何竞争对手能够超越我们。"他的话语中充满了自信与决心，却未考虑到市场变化的不确定性以及竞争对手的动态。

　　结果，由于技术开发中遇到了难题，加上市场突然出现了强有力的竞品，导致公司原定的发布时间被迫推迟，且产品特性不够突出。CEO之前的绝对化言论，让内部团队感到压力倍增，使外部投资者和客户产生了失望情绪。

这说明，说话不留余地，可能会因现实与预期之间的落差，而对个人信誉、团队士气及企业形象造成负面影响。如果 CEO 的表达能够更加谨慎，比如，"我们正全力以赴，目标是在本月内推出新产品，我们相信它有潜力成为市场上的亮点，但我们也会密切关注市场动态，灵活调整策略以应对各种挑战。"这样的表达既展现了信心，也为可能出现的变数留有余地，更加明智和负责任。

　　显而易见，说话不留余地的表达容易不能理性地看待事情，当结果达不到预期时，会让人产生怀疑，使问题解决变得更加困难。面对复杂多变的环境，绝对化的立场会让个人或组织难以适应变化，一旦情况有变，先前的坚定立场可能需要被迫收回，损害信誉。

面子学问，对话里的小心思

面子关乎个人尊严、社会地位及人际交往中的相互尊重。在对话中，巧妙地照顾对方的面子，能够维护和谐的人际关系，促进沟通的顺利进行。

间接表达：在指出对方的错误或不足时，采用间接的方式。

共情先行：让对方感受到你的立场是从共同利益出发。

提问而非命令：使用开放式问题引导对方思考。

正面包装：即便是批评，也要尽量使用正面的语言，强调正面效果。

留有余地：给对方台阶下，用轻松的语气或幽默化解尴尬。

共享荣誉：在表扬或分享成就时，尽量提及团队或他人的贡献，避免独揽功劳。

在一次公司会议上，部门经理张伟需要就一个项目的延误提出批评，但同时他也深知直接指责可能会伤及负责该项目的李华的面子。于是，张伟采取了如下方式来照顾对方的面子，同时又达到了提醒和鼓励的目的。张伟说："这次项目没有按原计划准时完成，但团队在过去几个月里

谢谢经理。

你的辛苦我都看在眼里。

付出了巨大的努力，大家的团队协作精神值得我们所有人骄傲。"

他温和地转向李华："李华，你对这个项目倾注了很多心血，在这样的高压环境下，能保持这样的工作热情和责任心，实属不易。"

然后，张伟以建设性的口吻继续说道："这次延误也给我们提供了一个反思机会。我们可以一起探讨，未来在项目管理上，哪些地方可以进一步优化，可以更早地识别风险，加强跨部门的沟通协调，提高我们的应变能力。"

通过这样的对话，张伟既指出了问题，又照顾了李华的面子，更重要的是，他成功地将团队的注意力引向了如何共同成长和改进，营造了一种积极向上的工作氛围。

　　颜面，是每个人都非常看重的东西，有时候我们激进或者妥协，就是为了面子。我们常说"人靠一张脸，树靠一张皮"，在交流中考虑到对方的感受、尊严和社会形象，采取恰当、尊重且考虑周到的表达方式，这种沟通策略具有多方面的益处，具体包括：增进人际关系、提升团队合作、促进有效沟通、维护个人形象、激发正面情绪、增强说服力、培养同理心。

说话时不给人面子，这种沟通策略可能会带来多方面的负面影响，具体包括：

损害人际关系：直接伤害对方的自尊心，导致人际关系紧张甚至破裂。

降低团队凝聚力：降低团队协作意愿，影响团队的整体士气和工作效率。

阻碍有效沟通：对方在感受到不被尊重的情况下，可能关闭沟通渠道，不愿意分享真实的想法或信息，使得问题难以解决，决策质量下降。

损害个人形象：频繁地不顾及他人面子，会逐渐形成不尊重他人、缺乏修养的负面形象。

激发负面情绪：不给面子的言语容易激发对方的防御机制，产生对抗、逃避或报复的情绪。

祢衡是东汉末年一位才华横溢但性格狂狷的文人。他来到许都后，因看不惯曹操的行事作风，多次在公开场合发表尖锐的批评，不留情面地讽刺曹操及其手下。尽管曹操知道祢衡有才，但对其傲慢无礼的行为颇为不满。

有一次，曹操故意羞辱祢衡，任命他为鼓吏，想借此机会打压他的傲气。在一次宴会上，祢衡却借击鼓之机，裸身而立，痛斥在场的曹操及其幕僚。

虽然曹操出于爱才和顾及舆

论，并未直接杀害祢衡，但这次事件无疑加深了两人之间的矛盾，并且让祢衡在当时的政治环境中树敌众多。最终，曹操采取了借刀杀人的策略，将祢衡送往荆州刘表处，祢衡又因口无遮拦得罪了刘表。之后，辗转至江夏太守黄祖处，终因出言不逊而被黄祖杀害。

　　这个案例展示了说话不留情面，尤其是当这种直言涉及个人尊严和权力权威时，往往会招致严重的后果。

　　在交流中忽视了对方的感受、尊严和社交形象，这种沟通方式可能带来一系列负面后果，无论对个人还是对团队来说，都是非常不利的。个人的威信会降低，个人形象会受损，甚至被认为是缺乏教养、不善交际。而整个团队的执行力和创新能力也会受到损害，甚至会激发团队内部的冲突，让个别成员产生厌烦、愤怒、羞耻，甚至报复心理，最终造成团队分裂。

问候有温度，情谊在其中

在对话中，温暖的问候能够瞬间拉近彼此间的距离，营造出友好和谐的交流氛围。比如：

日常见面："早上好！今天看起来精神特别好，是不是有什么开心的事呀？"

久别重逢："哎呀，好久不见！真的是太想念你了，你最近过得怎么样？"

工作环境中："早上好，希望你的一天有个美好的开始！今天有什么需要我协助的吗？"

对长辈："阿姨／叔叔，您今天气色真好，是不是有什么养生秘诀啊？一定要教教我。"

对朋友关心："嗨，好久没联系了，你最近还好吗？身体和心情都要照顾好啊。"

节日或特殊日子："新年快乐！愿新的一年带给你无限的幸福和好运。"

在古代，人们的日常交流中充满了礼仪与温情，即便是简单的问候，也蕴含着深厚的文化底蕴和人情味。在唐代有两位读书人叫程度和冯凡，二人曾是同学，也都是李

你怎么哭了？

冯凡的信太真情实感了。

白的粉丝，一直通过书信来往。程度曾在一次春节前收到冯凡的书信，信中写道："岁末风雪紧，遥知故人寒。春信渐至，愿君安好，阖家康宁。吾虽不能亲至，心念与君同，愿此简牍载吾情，似春风化雨，暖君心田。待到桃花笑春风，吾等共赏芳菲，再续旧谊。"

　　这段问候不仅表达了对友人生活状态的关切（"遥知故人寒"），还寄托了对未来的美好愿景（"春信渐至，愿君安好"），并以自然景象比喻情谊的温暖与生机（"似春风化雨，暖君心田"），最后许下了相聚的期许（"待到桃花笑春风，吾等共赏芳菲"）。这样的问候不仅传递了对友人的深切关怀，还体现了古人在文字中蕴含的温情与风雅，是古代人际交往中温暖问候的一个典范。

　　问候，是我们每天都要面对的，问候他人或者接受他人的问候。温暖的问候如同"三九"的暖阳能驱散寒意一样驱赶我们心中的阴霾，无论对亲朋好友，还是对陌生人，一声声温暖的问候毫无疑问是人和人之间温情的催化剂。

正确和体贴的问候方式应当考虑到对方的感受、文化背景以及当前的社交环境，旨在建立和谐、互相尊重的交流氛围，而错误的问候方式可能涉及多种不当行为，比如：

不尊重对方的文化习俗：在跨文化交流中，某些问候方式可能被视为不恰当或冒犯。

过于直接或粗鲁：使用过于直接或尖锐的语言进行问候。

使用含有偏见或歧视的语言：问候时使用性别、年龄、种族、宗教或其他身份特征相关的刻板印象或歧视性言论。

忽视对方的情绪状态：在对方明显情绪低落或处于困境时没有展现出应有的同情和理解。

人与人的交流沟通往往始于一句问候，错误的问候语会使沟通从一开始就剑拔弩张甚至无法进行下去。举个例子，小明所在的公司是一家北方公司，今天小明要就一个项目同一家南方供应商就价格进行谈判，他们所需的材料只有这家南方供应商才有。

小明一大早就来到了对方公司，谈判开始前，大家相互寒暄，小明为了拉近关系，和对方的领导说："陈总啊，这是我第一次来南方啊，你们这儿的气候真好，空气也好，人也好，今天结束后，您得带我去四处逛逛啊！"

您可得带我去逛逛。

开完会再说吧。

陈总一听，脸色顿时有些不悦，但他依然说："多谢明总夸奖，来，您坐，咱们赶紧开始，别耽误了您会后欣赏美景。"

陈总的话里已经透露出了一丝反感，自然而然地，这次的谈判是不成功的，双方并未就供货价格达成一致。小明回到公司后受到了领导批评，公司老总不得不亲自跑一趟才解决此事。

可见，错误的问候语对一个人的情绪产生影响后，后果会很严重。

同所有其他的语言艺术一样，情境也是问候的第一要素，情境对于选择和理解问候语的重要性不可小觑，它直接关系到沟通的有效性、礼貌的表达以及尊重文化的体现。问候需要注意的情境要素有：文化背景、人际关系的亲密度、时间和场合、情绪和状态、社会角色和地位、个人偏好等。判断并根据不同情境，选用适宜的问候语，是有效沟通、展现个人素养及维护良好社会关系的关键。

尊重他人，以低调为贵

尊重和低调在语言艺术中扮演着至关重要的角色，它们是人际交往的基础，是高情商和文化敏感性的体现。尊重与低调的表现形式有以下几种：

倾听优先：真正的尊重始于倾听，倾听表示你重视对方的想法和感受，这是低调而有力的表现。

使用谦辞：在表达意见或请求时，使用谦虚的措辞可以减少对他人的压迫感。

避免绝对化表述：使用绝对词语容易给人以武断或不容置疑的印象，而采用更加灵活和开放的表述，则显得更加尊重多样性和可能性。

肯定与赞美：在指出不同意见前，先肯定对方观点中的合理之处，然后建设性地提出自己的看法。

孔子和他的学生南宫敬叔要前往周朝京都洛阳朝拜天子，孔子认为这是向周朝守藏史老子请教"礼制"学识的好机会。于是，他征得鲁昭公的同意后，与南宫敬叔同行前往洛阳。

到达京都的第二天，孔

子便徒步前往守藏史府去拜望老子。老子听说誉满天下的孔丘前来求教，赶忙放下手中刀笔，整顿衣冠出迎。孔子见大门里出来一位年逾古稀、精神矍铄的老人，料想便是老子，急趋向前，恭恭敬敬地向老子行了弟子礼。进入大厅后，孔子再拜后才坐下来。老子问孔子为何事而来，孔子离座回答："我学识浅薄，对古代的'礼制'一无所知，特地向老师请教。"老子见孔子这样诚恳，便详细地抒发了自己的见解。回到鲁国后，孔子向学生们称赞老子博古通今，通礼乐之源，明道德之归，是自己的好老师。

　　孔子作为一代宗师，对老子却保持了极高的敬意和谦逊的态度，这不仅体现了他对知识的渴求，也展现了他尊重他人的高尚品质。

　　在工作生活中，分歧无处不在，基于尊重且低调的沟通是消除分歧最好的武器。即使在存在分歧的情况下，通过尊重对方、低调表达自己的观点，以及积极寻求共识，也可以有效地促进沟通，增强团队合作。在言语中展现出尊重与低调，促进更和谐、有效的沟通，建立更加稳固和正面的人际关系。

　　低调意味着尊重，反之高调说话意味着炫耀和鄙视。可能带来以下几方面的不利后果：

　　沟通障碍：高调的说话方式会导致沟通不畅，信息传递受阻。

　　误解与冲突：过度强调个人观点或成就，让听众感觉被轻视，从而引发误解和冲突。

　　信誉损失：高调发言，言过其实，逐渐失去信任和尊重。

　　压力传递：高调说话有时会营造出竞争激烈的氛围，影响团队的和谐。

　　错失学习机会：总是处于表达的一方，会使人忽视倾听和学习的机会。

　　社交隔离：高调使人在社交圈中被边缘化，因为人们倾向于与那些态度真诚、易于亲近的人建立关系。

　　在一个公司会议上，中层及以上领导在讨论下一季度营销策略时，市场部张经理提出了一个雄心勃勃的计划。他强调这一计划将使公司的市场份额在短时间内大幅提升，超越所有竞争对手。

　　张经理使用了诸如"我们这个计划将彻底颠覆行业格局！""我们的目标不仅仅是领先，而是让竞争对手望尘莫及。"等强烈且带有绝对性色彩的表述。

　　在介绍计划时，他频繁提及自己在前公司的成功案例，强调那些成就几乎全凭一己之力。

　　即使面对同事提出的合理质疑和建议，张经理也以一种略带不屑的态

度回应，表示只有大胆行动才能获得巨大成功。

　　会议后，一些同事私下里对张经理的高调言论感到不满，认为他过于自信，忽视了团队合作的重要性。

　　高层管理者虽然对张经理的积极表现表示认可，但也提醒他需要更多考虑实际操作细节和团队协作。

　　这种高调表现最终可能导致张经理在团队中的融入度降低，影响团队凝聚力和个人职业形象的构建。

　　高调的语言在多数时候代表自不量力、盲目自信、虚伪浮夸，甚至是为了掩盖自己的无知而故意地哗众取宠。我们只有心怀尊重，摒弃高谈阔论，脚踏实地，才能在工作生活中树立良好的个人形象及修养。低调，不仅仅是我们应当具备的一种说话方式，更应该成为我们内心的一种品质——自信而谦逊。

巧妙话语，化解冲突

运用语言的最高境界确实可以被视为化解冲突的工具。这不仅仅是指在言语交流中平息矛盾和争端，更是一种通过深刻理解、同情心以及智慧表达来促进和谐、增进理解的艺术。

春秋末期，齐国权臣田常想要发动对弱小邻国鲁国的战争。孔子得知这个消息后，非常担忧祖国鲁国的安危，于是派遣弟子子贡出使各国，通过游说来化解这场危机。

子贡首先来到了齐国，面见田常。他告诉田常，攻打鲁国并不是明智的选择，因为鲁国小而团结，不易攻克，而且战胜了鲁国也不会给田常

带来多少威望。相反，如果田常选择攻打强大的吴国，即使战败，损失的也只是齐国的军队，这反而能让田常在国内进一步排除异己，增强他个人的实力。子贡的这番话触动了田常，使他放弃了攻鲁的计划。

但这只是子贡游说的第一步。为了确保鲁国的安全，子贡随后前往吴国，游说吴王夫差，强调齐国即将对吴国构成威胁，说服吴王出兵攻打齐国。子贡又继续他的外交之旅，进一步游说其他诸侯国，巧妙布局，最终促成了一次多国联盟对抗齐国的行动，在后续的战争中重创了齐国，展现了子贡非凡的外交能力和对人性的深刻理解。

在沟通中认真倾听，积极反馈，换位思考，杜绝攻击性的反驳语言，多用建设性的合理建议俗话说"退一步海阔天空"，没有什么冲突是化解不了的。语言本身就是一座桥梁，连接不同的思想和情感，促进社会的和谐与进步。

在冲突情境中，使用积极的语言策略，如倾听、清晰表达、非暴力沟通、使用"我"、避免绝对化用语、情绪管理、文化敏感性、调解和妥协、重复和确认以及使用正面语言，都有助于缓和对立情绪，降低误解和误判的风险，为双方提供建设性的对话平台。

在化解冲突的对话中，关键在于理解、尊重与寻求共识。以下是一个简化的示例：

A方：我们对这片土地有深厚的情感和历史联系，我们认为这是属于我们的。

B方：我们完全理解你们的意思，这片土地对我们来说同样意义重大。我们看到了过去因分歧产生的痛苦，这并非我们所愿。

A方：我们也承认，长期的争执让双方都付出了巨大的代价，影响了人民的生活和发展。

B方：正是，我们提议坐下来，开诚布公地讨论我们的共同未来。或许我们可以探索共享资源、共同开发的方式，确保双方的利益都能得到保障。

A方：这个提议听起来很有建设性。如果我们能够设定清晰的规则，确保公正与透明，也许能找到一个双赢的解决方案。

B方：我们还可以引入第三方调解，确保过程公平，同时加强互信，逐步恢复我们之间的友好关系。

A方：好的，让我们以这份理解为基础，开始规划具体的步骤。相信通过对话和努力，我们能够为后代留下一个和平共处的典范。

再争执下去对我们都没有好处。

所以我们要想出一个共赢的办法。

就这么说定了。

希望我们能一直和平相处。

用语言化解冲突，其核心意义在于促进和谐、建立共识和实现长期稳定。通过开放、诚恳的交流，各方都能够表达各自的观点和情感，增进相互理解和尊重，协商出双方或多方都能接受的解决方案。

第二章
家长里短的生活话术

　　日常生活中的言语沟通的智慧在于：倾听优先，理解为本；用词恰当，语气温和，展现尊重与关怀；适时赞美，鼓励他人，营造和谐的氛围；面对分歧，保持冷静，寻找共同点，以理服人；掌握时机，适时表达，避免无效沟通；灵活应变，根据不同对象和场合调整策略。

蕴藏在"吃饭了吗？"背后的情感

　　"吃饭了吗？"这一简短的问候语，蕴含了深厚的情感与文化内涵。它超越了字面意义，不仅仅是询问对方是否完成了一日三餐中的某一餐，而是表达关怀、促进亲密、维持联系和展现礼貌的一种温暖方式。在许多文化中，尤其是亚洲文化里，这句话是人们日常交流中的习惯性开场白，背后隐含的是对亲人、朋友乃至陌生人的体贴与关心，体现了人与人之间温馨的互动与凝聚力。通过这句简单的问话，人们在日常生活的细微之处传达了对彼此生活状态的关注与善意，搭建起情感沟通的桥梁。

　　一年冬天，黑龙江的一个小镇迎来了前所未有的寒潮。那天，李明照常走出家门，却发现巷口的老槐树下蜷缩着一位陌生的年轻人，脸色苍白，显然是饿坏了。李明没有多想，立刻上前问道："吃饭了吗？"年轻人摇了摇头，眼中闪过一丝惊讶和感激。李明二话不说，将这个年轻人领回家，为他准备了一顿热腾腾的饭菜。

饭桌上，年轻人逐渐打开了话匣子，原来他是来小镇寻找工作的大学生，不料遇到恶劣天气，身无分文。李明听着，心中满是怜惜，他用自己的经历鼓励年轻人，告诉他无论遇到多大的困难，只要有人愿意问一句"吃饭了吗？"就意味着还有温暖和希望。

　　从那以后，年轻人成了李明家的常客，两人之间建立起了超越年龄的友谊。

　　这个故事深刻展现了"吃饭了吗？"这句日常问候藏的深情厚谊与人间温情，它是对陌生人伸出援手的善良，是邻里间无须多言的理解与关怀，更是人与人之间最纯粹情感的体现。

　　温婉含蓄，是我们中国人特有的品质，对于我们的情感，我们更习惯于用"吃饭了吗？"这种口头语式的问候来表达或者来引导，这四个字在人们日常交流中使用频率非常高，这四个字中所蕴含的关切之情、惦念之意清澈而平和，重逢、偶遇、生气、高兴的时候，都可以用这四个字来引出后续的动作和情感。

"吃饭了吗？"这句话，简短却饱含深情。

它是日常关怀的体现，意味着"我在乎你是否照顾好自己"。

它传递了亲切与友好。这句话常作为开启对话的钥匙，它打破了初次见面的尴尬。

不仅询问了个人的饮食情况，也暗含了"如果你还没吃，欢迎加入我们"的邀请，增进了邻里间的亲密感和归属感。

它也是一种礼貌和尊重的表达。它代表了对对方的尊敬以及愿意提供帮助或款待的心意。

这句简单的问话，其背后蕴藏着对人的深切关怀、友好情谊、基本礼貌以及情感慰藉，是人类共通情感的一种美好体现。

在一个城市角落，住着一位名叫林浩的老人。每天黄昏，林浩都会坐在家门口的老榆树下，手里拿着一本泛黄的书，每当有路人经过时，他都会抬头，用那熟悉而又慈祥的声音问上一句："吃饭了吗？"

这个习惯源自林浩年轻时的一段经历。那时的他，孤身一人来到这座城市，举目无亲，生活困顿。一次偶然的机会，街角小吃摊的老张头见他饥肠辘辘，便招呼道："小伙子，吃饭了吗？来，一起吃点。"那碗热气腾腾的面条，不仅暖了他的胃，更温暖了他漂泊的心。从那以后，林浩便暗暗发誓，要将这份温暖传递下去。

年复一年，林浩的问候成了那片街区独有的风景。有的人只留下一句"吃过了，谢谢"；也有人

小伙子，吃饭了吗？来一起吃点。

真的可以吗？谢谢您。

停下脚步，与他攀谈几句，分享一天的喜怒哀乐。

直到有一天，林浩离开了这个世界，但他的那句"吃饭了吗？"却成了街坊邻里间传承的精神，提醒着每一个人，在忙碌的生活中别忘了给予他人温暖和关怀。

"吃饭了吗？"超越了字面上对于饮食的询问，成为人际关系中温情与关怀的载体。通过询问对方最基本的生活需求是否得到满足，间接传达了"我在乎你"的心意。它既能拉近人与人之间的距离，又能在快节奏的现代生活中，唤醒人们对传统邻里温情的记忆。这句话还能激发对家的思念、对孤独者的慰藉，是中华文化中关于爱与关怀的一种朴素而真挚的表达。

学会赞美和批评，让沟通更顺畅

赞美和批评的语言，好比是人生中的蜂蜜和苦药。其中赞美作为一种积极的交流方式，是人际交往中不可或缺的润滑剂，它不仅能够增强个体的自信心和满足感，还能够促进更加和谐、正面的人际关系。赞美基于对他人的认可与欣赏，其力量在于能够激发被赞美者的内在潜能，鼓励他们继续发扬光大其优点，同时也为双方搭建了信任和尊重的桥梁。赞美不是一味地吹捧，它是发自内心的欣赏和尊重，无论对万千风景还是人物的赞美，首先是要感受到了对方的"美"和"正确"。

谢灵运，南朝宋时期的著名诗人、文学家，以其开创性的山水诗闻名，同时也是一个自视甚高、才华横溢的人物。他对三国时期魏国诗人曹植的才华表达了极高的敬仰与赞美，这种赞美不仅体现了对前

代文豪的尊重，也反映出了谢灵运自身对于文学的深刻理解与追求。

曹植是魏武帝曹操之子，以其文学上的造诣被后世誉为"建安之杰"，其诗歌情感丰富、文辞华丽，代表了建安文学的高峰。谢灵运生活在曹植之后的年代，他对曹植的诗文有着深入的研究和极高的评价，认为曹植的才华在古今之间无人能及，于是有了"天下才共一石，曹子建独得八斗，我得一斗，自古及今共分一斗"的说法。这虽然是一个夸张的比喻，却深刻表达了谢灵运对曹植文采的极度认可，认为曹植一人就占了天下才情的大部分，而自己虽然有才，但也仅得一斗，余下的所有文人共享剩余的一斗。

赞美的语言，作为沟通艺术的瑰宝，如同温暖的阳光，温柔地照亮人心的每一个角落。它不仅仅是对他人优点的认可，更是一种深刻的情感交流，一种无形的力量，能够激发潜能，增进理解，构建和谐。在赞美的光芒下，人们感受到的是被看见的喜悦，是自我价值的认可，是前进路上的鼓舞。

　　批评并不是赞美的对立面，适当的批评不仅仅是指出不足或错误，更是一种深层次的关怀与期待。有效的批评是建立在客观、公正的基础上，旨在通过指明问题所在，引导被批评者认识到自身的局限或盲点，从而激发其内在的动力去改进和完善。批评的艺术在于平衡直接与婉转之间的关系，确保信息传达的同时，维护对方的尊严与积极性。理想状态下，批评应当是具有建设性的，提供改进建议，设定清晰的目标，鼓励对方看到改正后的积极前景。总之，批评作为成长道路上的必要元素，其目的应是促进个体或集体的进步，而非简单的责备或贬低。

　　小区举办了一场年度园艺比赛，各家各户都精心打理自家的花园。张家凭借着丰富的花卉种类和生机勃勃的景象占据了优势。李家在参观完张家的花园后，私下里与张家分享一些更为深入的观察。

　　李先生邀请张阿姨喝茶聊天。在轻松愉快的氛围中，李先生开始了他的"批评"："张阿姨，您家的花园真是色彩斑斓，不过，我注意到有些植物可能因为过于密集，导致光照不足，影响了它们的生长。"

　　"如果您能适当调整植物布局，让每株植物都能得到充足的光照和空气流通，我相信您的花园会更加茂盛，更有层次感。而且，我也

有一些适合您花园的耐旱植物推荐，它们不仅美观，还能减少浇水的频率，更适合咱们这里的气候。"

张阿姨听后她意识到，李先生的这番话不仅是对她花园的批评，更是对她辛勤劳动的一份尊重和期待。她欣然接受了李先生的建议，并邀请他一同参与花园的改造计划。

经过几天的努力，张家的花园焕然一新。植物们得到了更好的生长环境，整个花园显得更加和谐有序，生机勃勃。在随后的园艺比赛中，张家的花园不仅赢得了奖项，更赢得了邻里们的赞誉。

　　赞美与批评，作为人际交往和社会评价中的两种基本方式，各自承载着不同的功能与价值。赞美，如温暖的阳光，能够激发人的潜能，增强自信，促进正面情感的交流；而批评则似锐利的刻刀，虽可能带来一时的痛楚，却在修正错误、推动成长中发挥着积极的作用。

委婉提意见，让他人更容易接受

委婉提意见是一种兼顾人际关系与沟通效果的智慧策略。它强调以礼貌、含蓄的方式指出问题或提出改进建议，巧妙地绕过直接批评可能导致的对方的防御心理，有效保护其自尊心，降低因言辞激烈引发的抵触情绪。同时，这种温和而有策略的表达方式，更容易让对方在舒适的心理状态下深入理解并接纳意见，甚至产生自我反思与积极改变的动力。因此，委婉提意见不仅有助于问题的有效解决，更能促进人与人之间的和谐互动，提升团队的协作效率，以及维护长期关系的稳定与发展。

小赵是一名教师。周末清晨，小赵到好友老陈家做客。老陈是个热衷园艺的退休教师，他家的庭院里花木繁茂，生机盎然。小赵羡慕不已，提及自己家中绿植总养不好，想请老陈支招，老陈欣然应允。

二人一同漫步庭院之中。老陈指着一株开得正盛的月季说："养花如育人，需因材施教。你看这月季喜阳，就得放在光照充足处；它喜湿，就得适时浇水。"小赵点头，心中暗想：这与自

养花如育人，需因材施教。

确实这样。

己的教育理念不谋而合。

接着,他们来到一片略显稀疏的花草区。老陈轻轻拨开叶片,露出几株萎黄的植物。"这里原先种的是喜阴植物,可我误以为多晒太阳好,结果适得其反。"他自嘲地笑了笑,"后来我调整了位置,它们才慢慢恢复元气。"

小赵听后,心念一动,试探着问:"有时候,我们对待孩子是否也会犯类似的错误呢?过度干预,反而阻碍了他们的自然成长。"老陈抚须,眼神明亮地说:"正是此理。教育孩子如同打理花园,既要了解他们的特性,给予适宜的环境与引导,也要学会适度放手,让他们在试错中学会成长。"

有时候,我们对待孩子是否也会犯类似的错误呢?过度干预,反而阻碍了他们的自然成长。

正是此理。教育孩子如同打理花园,既要了解他们的特性,给予适宜的环境与引导,也要学会适度放手,让他们在试错中学会成长。

委婉地提意见是一种很实用的语言艺术,俗话说,"伸手不打笑脸人",说的就是委婉地提意见在对方看来,是一种善意的表示,就算是批评,也是善意的、温和的批评。其实,我们都渴望得到他人的意见来不断地完善自己,那么,谁会拒绝一份温婉善良的意见呢?

对于社会而言，委婉的沟通方式能够促进群体内部的理解与包容，减少不必要的摩擦与对立，增进社会和谐稳定，推动公共事务的理性讨论与有效解决，进而提升社会的整体凝聚力与进步动力。试想大家都采用直白甚至严厉的话语对他人或者团体的行为提出意见，即便是正面的，也会激起群体对立，造成社会矛盾。合理正确的意见不仅需要合理合法的渠道去提，更需要委婉的语言去提。综上所述，委婉地提意见有助于增进人们之间相互理解、促进社会和谐、推动社会进步。

小镇上即将举行一年一度的社区规划会议，讨论如何改善公共设施和提升居民生活质量。

赵家原本打算在会议上直接提出自己对社区绿化不足的看法，认为应该立即增加树木和花草的种植。然而，赵先生偶然间听到了钱家主人钱阿姨与另一位邻居的交谈。钱阿姨提到："我觉得我们的社区就像一幅美丽的画卷，但似乎还缺少那么几笔点睛的色彩，比如更多的绿色植物，它们不仅能让空气更清新，还能让我们的心灵得到更多的滋养。"

赵先生意识到，即便是出于好意，直白的批评也可能引起不必要的误解和冲突。

　　在随后的社区会议上，赵先生以一种温和而富有建设性的语气发言："我非常赞同我们社区近年来在各方面取得的进步，但我也有一个小小的想法。我想，如果我们能在现有的基础上，再增添一些绿色元素，比如种植更多的树木和花草，那么我们的社区将会变得更加宜居，更加美丽。这不仅能让我们的居住环境更加舒适，还能提升整个社区的形象和吸引力。"

　　赵先生的发言得到了与会者的一致认可。

　　委婉地提意见，其精髓在于以柔克刚，以智取胜，它是一种高超的情感智慧与人际交往的艺术。这种方式减少了直接冲突的可能性，深化了理解和共鸣的基础，促进了关系和谐与沟通的有效性。通过含蓄的暗示，让对方在无压力的氛围中自我觉察，进而达到启发思考、引导改进的目的，体现了中华传统文化中"和为贵"与"己所不欲，勿施于人"的哲学思想，是智慧与仁爱并存的处世之道。

良好的口才决定邻里和谐

良好的口才是邻里关系的润滑剂。通过耐心倾听和善意表达，能够有效解决邻里间的小摩擦，促进信息的正向流通，建立起基于尊重与互助的社区氛围。

有两家邻居，张家和李家。张家的果树枝条伸展到了李家的院子里，李家的孩子们喜欢摘那些成熟的果子，但张家觉得这影响了他们的收成。

一天，李家的女主人拿着一篮新鲜出炉的蛋糕敲开了张家的门。她微笑着说："张家大哥，实在是不好意思，孩子们贪嘴，没忍住摘了您家的果子。我做了这蛋糕，想表一下心意。"

张家主人听后，回应道："哎呀，李大姐，孩子们喜欢就让他们摘吧，果子本来就是用来分享的。不过，有时候我们确实想留点自己尝尝。要不这样，咱们一起修剪一下树枝，既能让孩子们安全摘果，又能保证果实的均匀分布。"

张家大哥，实在是不好意思，孩子们贪嘴，没忍住摘了您家的果子。

哎呀，李大姐，孩子们喜欢就让他们摘吧，果子本来就是用来分享的。

就这样，一场可能发生的争执，在李家女主人的几句温言软语和一个满载诚意的蛋糕中化解了。

俗话说，良言一句三冬暖。邻里之间难免会出现磕碰摩擦，解决之道便是良好的口才，这种口才不需要华丽的辞藻和缜密的逻辑，只需要发自内心的真诚和朴实无华的语言。

在现代社会快节奏的生活中，邻里之间往往因忙碌而疏远，但有效的沟通能拉近彼此的距离。它不仅能够帮助我们解决诸如噪声、停车等日常琐事引发的小摩擦，避免误会升级，还促进了信息共享和资源互助，增强了社区的凝聚力和归属感。

相传海瑞被罢官后，曾有一段时间回乡居住。那时，乡里有一户人家因扩建宅院，占用了公共道路，导致其他村民出入不便，引起了不小的纷争。村民们多次交涉无果，气氛日渐紧张。

海瑞得知此事后，没有直接出面指责，而是选了一个风和日丽的日子，邀请这位邻居和几位村里德高望重的老人一同到这位村民家中做客。席间，海瑞先是亲切地询问了邻居家的近况，随后话锋一转，谈及邻里间和谐的重要性。

他说道："古人云：'远亲不如近邻'，咱们这小小的村落，能够世代和谐，靠的就是相互间的体谅与帮助。道路如同村中的血脉，畅通才能让大家受益。若是血脉堵塞，怕是会影响到整个村子的气运哦！"

海瑞凭借其高超的口才与智慧，不仅解决了实际问题，还进一步增进了乡邻间的和睦与团结。

沟通如同纽带，紧密连接起每一个家庭，使之成为社区集体中的一部分，让邻里关系不再局限于物理空间的相邻，而是心灵上的相知与相依，共同描绘出一幅幅温馨和谐的社区生活画。

朋友聚会中的饮酒闲谈之道

　　酒桌上的闲谈之道，是一种微妙的艺术，融合了礼仪、智慧与同理心。在这个场景中，沟通交流不仅仅是简单的寒暄与开玩笑，更是建立人际关系、展现个人修养的方式。关键在于把握分寸，既能活跃气氛，又不失尊重与礼貌，话题宜广泛而正面，避免争议与隐私。适时的倾听与得体的回应能够让每个人感受到被重视与包容，从而加深相互间的理解和友好。在这一过程中，幽默感是调味剂，能让氛围变得更为轻松愉悦，而且适度的袒露心声，则能促进情感的交流与共鸣，让一场聚会不仅仅是饮酒吃饭，更成为一次心灵的触碰与温暖的记忆。

　　苏东坡在杭州任职期间，生活得较为惬意，经常与友人相聚。适逢欧阳修 65 岁大寿，苏东坡特地将他请来杭州，为他庆生贺寿。两人在西湖上泛舟，面对青山绿水，心情大好，于是高谈阔论，把酒言欢。

　　在饮酒过程中，苏东坡与欧阳修畅谈古今，品评风雅。苏东坡还为欧阳修写了一首诗，即《陪欧阳公燕西湖》，诗中写道："谓公方

先生老当益壮，晚辈愿为先生赋诗。

如此，多谢贤弟了。

壮须似雪，谓公已老光浮颊。揭来湖上饮美酒，醉后剧谈犹激烈。"这些诗句不仅描绘了两人饮酒的场景，还表达了他们对人生、命运和自然的深刻感悟。

在对话中，欧阳修展现了他对命运的通透理解和对生活的达观态度。他说："已将寿夭付天公，彼徒辛苦吾差乐。"意思是人的寿命长短自有天定，不必过分忧虑和操劳，要顺其自然，享受当下。这种人生观念也深深影响了苏东坡。

苏东坡在诗中不仅表达了对欧阳修的敬重和感激之情，还通过"插花起舞为公寿"等句式，展现了两人之间深厚的师生情谊和友情。

先生的才情，我很佩服。

贤弟的词，为兄也是喜欢的很啊。

志同道合的朋友聚在一起把酒言欢，是佳话，是情谊，与普通的酒肉朋友之间的互相吹捧不同，前者的酒间闲谈无不体现着共同的爱好、修养和一致的三观。朋友间把酒言欢最忌讳的是借着酒劲儿放弃了平日里遵循的规则，突破了底线，大放厥词、大吐苦水、大透隐私，这种行为必然会招致其他人的厌烦和疏远。酒后失言容易引起误会甚至当场发生冲突，更有严重的，会招致人身伤害，真是得不偿失。

把酒言欢常常出现在亲朋相聚之时。在这样的氛围中，酒成了情感交流的媒介，朋友们围坐一堂，微醺间，拘谨与矜持被氛围融化。言谈间，不论是生活趣事、往日回忆，还是对未来的美好憧憬，都随酒香流淌，彼此的心更加贴近。这份欢乐不仅是当下的欢笑，更在于那份通过共饮而加深的理解与默契。在繁忙生活中寻得这片刻松弛与纯粹，让人们的情感得到滋养，关系得以巩固。"把酒言欢"是中国人情感表达的一种独特方式，它让平凡的相聚变得意义非凡，成为人生旅途中温暖人心的章节。

几位老友相约在一家温馨的小酒馆重聚。酒过三巡，气氛渐入佳境，大家谈笑风生。李明，一位平时言语直率的程序员，也在酒精的作用下放开了许多。

话题转到了各自的工作上，李明兴奋地讲起了公司最新的项目，言语间不免有些得意忘形。他提到："你们知道吗？我那个项目，简直就是我一人独挑大梁，其他人都是来打酱油的。"这话一出，原本热闹的酒桌瞬间安静了下来。

坐在李明对面的老张，正是他口中"打酱油"团队的一员，脸色瞬间变得尴尬。老张平日里勤勤恳恳，虽不是项目核心人员，但也贡献了自己的力量。他轻轻放下酒杯，眼神中闪过一丝失落。

意识到自己失言的李明，酒意瞬间醒了大半。他连忙补救："哎呀，老张，我不是那个意思，大家都是团队的一份子，缺了谁都不行！"但话已出口，覆水难收。

那晚之后，李明和老张之间似乎多了一层看不见的隔阂。李明深刻反思，明白了在酒桌上说话更需谨慎，避免因一时之快而伤了和气。他主动找老张道歉，并承诺以后会更加注意自己的言行。而老张也宽容地接受了道歉，两人最终重归于好。

那天是我酒后失言。

没关系的。

酒桌之上，闲谈不是百无禁忌的。古往今来，不少人因为酒后失言惹火上身，推杯换盏之间，人的防备渐渐放松，心门慢慢打开，平日里明知不可直言的话，借着酒劲儿一股脑全倒出来，必然招惹是非。李白说："人生得意须尽欢，莫使金樽空对月。"但金樽可以斟满，欢言当有分寸，把酒言欢，是酒加言才等于欢，酒是美酒，言为慎言。

与陌生人交际的神奇能力

在日常生活和工作中，难免遇到和陌生人交往的情况，与陌生人快速进行良好的交流，有效的话术策略至关重要。以下几点技巧可以帮助你更顺畅地与陌生人沟通。

开场白的魔力：一个友好且自然的开场白是关键，如"你的手表很有特色，哪里挑选的？"

展现真挚的好奇心：使用开放式问题，如"你是怎么开始对这个领域感兴趣的？"

找到共同点：寻找共同兴趣、经历或观点，如："哦，你也喜欢旅行？我去年去了……"

正面积极的语言：保持语气的积极乐观，特别是初次交谈时。

这本书我一直想读，但总没找到合适的时间。您觉得怎么样？

哦，这可是本值得一读再读的好书。每个人都能从中找到自己的影子。

李晨在公园的长椅上享受着温暖的阳光，他身边坐着一位正在阅读的老人，两人之间原本只是擦肩而过的陌生人。李晨注意到老人手中的书是《百年孤独》，这激发了他的交谈欲望。

他轻轻地开口："这本书我一直想读，但总没找到合适的时间。您觉得怎么样？"这句话既是诚恳的询问，也是对老人品位的肯定，瞬间打破了沉默。

老人抬起头，眼中闪过一丝惊喜："哦，这可是本值得一读再读的好书。每个人都能从中找到自己的影子。"

李晨捕捉到了这个交流的信号，继续用话术推进对话："您说得对，好书就像一面镜子。我最近在尝试写小说，正是需要这样的灵感来源。"

老人的脸上露出了鼓励的微笑："写作是件美妙的事，要坚持下去。我年轻时也有过类似的梦想，后来虽未能成为作家，但阅读一直是我最好的朋友。"老人开始分享起自己的故事，两人的交谈渐渐深入。

> 您说得对，好书就像一面镜子。我最近在尝试写小说，正是需要这样的灵感来源。

> 写作是件美妙的事，要坚持下去。我年轻时也有过类似的梦想，后来虽未能成为作家，但阅读一直是我最好的朋友。

与陌生人交谈能拓宽视野，增长见识，了解到不同的生活方式与观念；提升沟通技巧，学会适应不同的交流风格；增加社交自信，减少社交恐惧；可能遇见贵人，获得意外机遇；促进情感交流，缓解孤独感，构建多元化的人际关系网。

获得与陌生人交谈的能力，首先要克服内心的恐惧与拘束，培养开放自信的心态。可以从以下几个方面着手：

练习主动：日常生活中，主动向服务人员问好，或是对路过的邻居微笑。

准备话题：提前准备一些常用的话题，如天气、兴趣爱好、近期热门事件等，便于打破初次交谈的尴尬。

倾听为主：良好的交谈者首先是优秀的听众。

展现真实的自我：无须刻意讨好，真诚地表达自己的看法和感受。

学习观察：注意对方的反应，调整谈话的内容和方式。

参与社交活动：加入兴趣小组、参加社交聚会等。

地铁站内，赵阳偶然间注意到一位老先生正对着一幅复杂的列车线路图皱眉。

赵阳决定打破这份沉寂，他轻声问道："老先生，看您好像在研究路线，需要帮助吗？我对这些线路还算熟悉。"这句话简单直接，既表达了关心，又不失礼貌。

老先生抬起头，眼神中流露出一丝惊喜："小伙子，真是太好了。我正要去看望女儿一家，这线路图看得我头都晕了。"

赵阳微笑着接过线路图，一边解释最佳换乘方案，一边

穿插着轻松的笑话，让原本枯燥的等待都变得没那么漫长了。他分享了一些旅途中的趣闻，也巧妙地引导老先生讲述自己年轻时的旅行故事，两人之间的距离在这些温馨的交流中迅速拉近。

"年轻时我也爱四处走走，那时还没有这么发达的交通网络。"老先生感慨道，眼神中闪烁着怀念。

赵阳点头赞同："是啊，每个时代都有它的魅力。不过，能在今天遇到您，听您分享过去的时光，也是一种难得的缘分。"

助人为乐，是我们中华民族的优秀品德。助人为乐的对象有时候是陌生人，那么，和陌生人如何沟通就尤为重要，打开心扉，克服尴尬或者恐惧，迎接挑战，拥抱每一份来自陌生人的友好问候并将其传递出去，让自己拥有和陌生人沟通的神奇能力。

旁观者清，简单话术化解他人矛盾

生活中，矛盾无处不在，当别人之间发生矛盾时，精炼而富有智慧的语言表达，可以调和或缓解人与人之间的冲突。这种方法的核心在于，利用简短、直接且富有同理心的语句，引导双方从对立的情绪中抽离出来，转而以更加理性、平和的态度去面对彼此的分歧。

比如："看起来你们都对这件事有自己的看法，先冷静一下，我们试着从对方的角度想想，或许能找到更好的解决办法。"这样的话语，既不过于浮夸，又能引导双方从情绪化的对立中走出，以更加理性和平和的态度去面对问题，从而有效缓解矛盾。

咖啡馆里，李明和王丽这两位平日里关系不错的朋友，因为一次误会而发生了争执。

李明误以为王丽在背后说了他的坏话，而王丽则感到冤枉，她从未有过这样的行为。两人的声音逐渐提高，气氛变得紧张起来。

就在这时，咖啡馆的老板张阿姨走了过来。她对两人说："李明、王丽，看起来你们都对这件事有自己的看法，先冷静一下，喝杯咖啡，将一将前因后果，从对方的角度想想，或许能找到更好的解决

> 你怎么可以在背后说好朋友的坏话。

> 这明明是误会，你为什么不听我解释。

办法。"

　　他们互相对视了一眼，都意识到自己在情绪激动之下可能说了些过头的话。在张阿姨的引导下，他们决定暂时放下争执，各自冷静几分钟。

　　几分钟后，李明首先开口："王丽，我可能太冲动了，没有听你解释就发脾气。你能不能告诉我，到底是怎么回事？"王丽也放低了声音，耐心地解释了整个事件的经过，证明了自己的清白。

　　经过一番沟通，两人终于明白了误会的根源，并相互道歉。

　　朋友之间的矛盾，本不是什么深仇大恨，却更容易升级。我们无法阻止矛盾的产生，但我们可以及时的予以纠正，只要我们做到不搬弄是非，认真虚心倾听，然后利用随时随地出现的机会坦诚布公的沟通，并没有什么矛盾是解决不了的。

首先，表达理解与同情。让双方感受到被听见和被理解，从而减轻防御心理，为进一步的沟通打下基础。这可以通过重复对方的感受或强调共同经历来实现

其次，鼓励双方开放表达，也能增强彼此的信任感，为共同寻找解决方案铺平道路。

再者，强调寻找共同点或共同目标，以此作为化解矛盾的桥梁。当双方意识到他们之间存在共同利益或追求时，就更容易产生合作意愿。

最后，引导双方以建设性的方式解决问题，避免陷入无休止的争吵或指责中。这包括提出具体的建议、鼓励双方倾听并尊重对方的意见、以及提醒他们保持冷静和理性思考等。

清朝乾隆年间，江南周庄有两家相邻的商户，一家经营布匹，一家开设茶馆，因门前街道狭窄，顾客往来频繁，时常因摊位侵占而争吵不休。

当地名士沈万三返乡省亲，闻此纷争，便主动邀两家主人至其府上，设宴调解。席间，沈万三并未直接提及两家矛盾，而是缓缓讲述了"六尺巷"的故事。

讲毕，沈万三含笑问曰："诸君以为，是寸土必争之利大，还是邻里和谐之益深？"两家主人听罢，相视一笑，心中芥蒂顿消。布匹店主人率先开口："我等愚钝，险些因小失大，明日便撤去多余摊位，让出通道。"茶馆主人亦随之表态："我亦有错，愿共筑石板路，方便行人，以表歉意。"

次日，两家果然行动起来，还合力整修了门前街道，使之宽敞整洁。从此，周庄的这两家商户不仅重归于好，还因这份宽厚与和睦，吸引了更多顾客，生意越发兴隆。此事传开，成为了古镇上的一段佳话，也证明了"以和为贵"的古训，至今仍闪耀着智慧的光芒。

和谐与和睦的价值高于一切。在多元化的社会中，人们因观念、利益等差异难免产生矛盾，但"和为贵"的理念提醒我们，通过沟通、理解、妥协与包容，可以化解分歧，促进共识。它不仅是个人修养的体现，也是社会和谐稳定的基石。在追求个人目标的同时，不忘维护整体和谐，以和为贵，方能共创美好未来。

跨越年龄鸿沟，实现跨代畅聊

跨越年龄鸿沟，用语言搭桥，关键在于尊重、理解和灵活调整沟通方式，以下几点策略有助于实现有效交流：

展现尊重与兴趣：无论对方年长还是年轻，始终保持尊重的态度，如"您年轻时最喜欢参加什么活动？"

挖掘共同话题：寻找共同点是跨越年龄的关键，这样的话题能快速拉近彼此距离。

适应语言风格：调整自己的语言表达，使之更易于对方理解，但要确保自然不做作，避免造成误解。

倾听与分享：良好的沟通是双向的，耐心倾听对方的故事和观点。

教育与学习：认识到每个年龄段都有其独特的价值和智慧，老年人可以传授经验和生活智慧，年轻人则可以分享新技术和新鲜视角。

图书馆内，李大爷遇到正埋头看电子书的高中生小杰。

李大爷看到小杰的手机屏幕，忍不住上前搭话："小伙子，你也喜欢《红楼梦》？我年轻时可是读了无数遍呢。"

小杰微笑回应："经典百读不厌。不过，我更习惯看电子版，方便携带。"

经典百读不厌。不过，我更习惯看电子版，方便携带。

小伙子，你也喜欢《红楼梦》？我年轻时可是读了无数遍呢。

李大爷眼中闪过一丝怀念，但随即展现出开放的态度："电子书确实便捷，但我还是偏爱纸质书的墨香。你愿意听听我年轻时读《红楼梦》的感受吗？"

李大爷用他那充满岁月沉淀的声音，缓缓讲述起自己年轻时对书中人物的感悟，如何被贾宝玉的叛逆与林黛玉的才情所吸引，以及那个时代背景下读书的种种趣事。小杰听得入迷，偶尔说一些自己的所见所闻，比如网络论坛上对《红楼梦》的各种现代解读，以及如何用软件分析人物关系等。

这次对话，让两人意外地发现了共同点——对文学的热爱超越了年龄的界限。李大爷感叹于现代科技给阅读带来的便利，而小杰则被李大爷口中那个时代的读书氛围深深吸引。

电子书确实便捷，但我还是偏爱纸质书的墨香。你愿意听听我年轻时读《红楼梦》的感受吗？

我也会在网上搜索相关的资料。

理解代沟的存在是自然现象，年龄及阅历的差距是客观存在的。交流中难免会有误解或分歧，重要的是保持耐心，对不同观点持开放的态度，用"我理解您的意思了，但换个角度看……"这样的表达方式，更能促进相互理解和尊重。

代沟可能导致不同年龄段人群之间关系的疏离，影响他们之间的理解和合作。具体危害包括：增加沟通障碍，使得双方难以有效交流思想和情感，造成误解与隔阂；价值观与生活习惯的差异被放大，可能导致冲突与对立；长辈可能感到被忽视或不被理解，而年轻人可能感到被束缚，缺乏支持与引导；长期存在代沟还可能加剧社会分化，影响社会稳定与文化传承。代沟的消除需要双方努力增进理解和尊重，促进代际间的融合与和谐。

汉代学者苏文，满腹经纶，精通古籍，而他的孙子苏明，对新兴的天文观测技术充满好奇。

一日，苏明兴奋地跑回家，手里捧着一幅自己绘制的星图，上面详细标注了他用自制简易望远镜观察到的星座位置。他急切地想要与祖父分享这份新奇的发现，但又担心祖父会排斥这些"非传统"的观测方法。

苏文见孙子满脸兴奋，慈祥地笑道："明儿，你又有什么新玩意儿要给爷爷瞧瞧？"苏明犹豫片刻，还是鼓起勇气展示了他的星图。他

详细解释了自己如何利用简陋的工具，观察到了古人未曾记录的星象变化。

苏文仔细聆听，眼中闪过一丝惊喜，随后从书房中取出一本泛黄的《天文志》，缓缓说道："孙子啊，你可知古人亦有观星之乐？虽工具简陋，但他们对星辰的敬畏与探索之心，与你不谋而合。"他翻动书页，指给苏明看古人的星象记载，两者虽方法不同，但对于宇宙的好奇与探索精神是相通的。

祖孙二人在知识的海洋里找到了共同的航向，成就了一段跨越时代的学术佳话。

跨越代沟的对话艺术在于理解、尊重、沟通与共情。理解是基础，尝试站在对方的时代背景和生活经历中思考，认识到代际差异的合理性。尊重是桥梁，对不同观点和习惯持开放态度，用礼貌和耐心促进交流。有效沟通是关键，寻找共同话题，使用对方能理解的语言，同时适度分享自己的世界，增进互相了解。这不仅促进了代际之间的信息流通，还加深了相互间的理解和情感联系，让代沟成为促进彼此成长的契机。

诚恳地向朋友倾诉

　　诚恳地向朋友倾诉，是维系友情深度与纯度的宝贵钥匙。首先，选择合适的时机与环境，营造一个双方都感到舒适和私密的谈话空间。其次，用"我"字开头，比如"我感觉到……"，更多地表达个人感受和需求。接着，清晰、直接地表达你的想法和感受，避免含糊其词，让对方明白你的立场和期望。同时，保持语气平和，即使讨论的是敏感或困难的话题，也要力求冷静和理性，展现你的诚意和尊重。最后，不忘给予正面的肯定和鼓励。这样的交流方式，能够加深彼此的理解，促进关系的健康发展，让友情在真诚与理解中更加坚固。

　　咖啡厅里，小林和阿明面对面坐着，小林深吸一口气，鼓起勇气，决定向多年好友阿明坦诚一直以来的心结。

　　"阿明，我们认识这么久，有些话我一直想对你说，但总是找不到合适的机会。"小林说。

　　阿明表情中满是鼓励："我们之间还有什么不能说的？你说吧，我听着。"

　　"其实，有时候我感觉，咱

阿明，我们认识这么久，有些话我一直想对你说，但总是找不到合适的机会。

我们之间还有什么不能说的？你说吧，我听着。

们在某些事情上的看法差异挺大的，我总害怕这些差异会让我们渐行渐远。"小林小心翼翼地选择着字眼。

阿明听后沉思了片刻说："小林，谢谢你告诉我这些。其实我也察觉到了，但可能因为害怕失去，所以选择了回避。我想，真正的友情不应该害怕分歧，而是要勇于面对，共同成长。以后，我们可以多交流，理解彼此的想法，就算未来方向不同，心还是可以紧紧相连的。"

小林听到这里，心中的石头终于落地，露出了释然的微笑。"就是这个意思，我一直害怕说出来会伤害到你，原来我们都在乎这段友情。"于是，两人相视一笑，那一刻空气中的紧张氛围被一股暖流取代。

同所有的语言话术一样，理解是对话的前提，朋友间真诚的袒露心声也不例外。通过诚恳的表达，不仅没有让友情受损，反而让双方的关系更加坚固。真诚相待，勇于表达内心，勇敢面对分歧，才是维持友谊长久的秘诀。

朋友之间的交流，倘若缺乏真诚，就如同构建在沙丘上的城堡，根基不稳，随时可能塌陷。当谈话充斥着虚伪与试探，信任的基石便会逐渐瓦解，导致沟通的深度和质量严重下降，朋友间难以触及彼此的真实想法与情感需求，渐行渐远，隔阂渐生。虚假的交流会引发误解和猜疑，一个无心的谎话可能需要更多的谎言去圆，最终形成恶性循环，消耗双方的情感与精力。不真诚的言语如同慢性毒药，侵蚀友情的纯真与温暖，让人感到被忽视或被利用，从而产生深深的失望与伤害。

小雅无意间听到了小雨在背后与另一位朋友谈论自己，内容虽非恶意中伤，但足以让小雅感到被误解和背叛。小雅选择了沉默，将这份不满和疑惑深埋心底。

几天后，小雨像往常一样热情地打招呼："小雅，最近怎么样？怎么看你心情不太好？"

小雅回答得含糊其辞："哦，还好，就是有些累。"她本想找机会和小雨谈谈那天的误会，但话到嘴边又咽了回去。

随着时间的推移，这份未说出口的真心话像一块巨石，压在小雅的心头，让她对小雨的信任逐渐瓦解。

终于有一天，小雨察觉到了小雅的变化，她感到困惑和不安，于是鼓起勇气问道："小雅，你最近怎么老躲着我？我们之间是不是有什么误会？"

小雅深吸一口气，望着小雨那双充满真诚的眼睛，内心挣扎了许久，最终还是选择了逃避："没有，只是最近比较忙。"

小雅选择沉默，任由误会和猜疑在两人之间蔓延，最终导致了这段珍贵友谊的破裂。

生活中，我们的欢喜和烦恼需要向人倾诉，而倾诉的对象往往是好朋友。倾诉，最需要的就是真诚，而真诚的基础是尊重和信任，没有这个基础，所有的话术都是苍白无力的，而在这基础之上则是"君忧我忧"的朋友情谊。敞开心扉，诚恳地交流是建立在相互尊重和理解的基础上的，它需要时间和耐心，但一定能够加深你们之间的联系，让友谊更加坚固。

甜蜜又适度的情侣悄悄话

　　爱情，是世间最美好的感情之一，情侣间的蜜语则是爱情的润滑剂。甜蜜又适度的情侣悄悄话，是指在两心相悦的私密时刻，用温暖而细腻的言辞，恰到好处地表达爱慕、关怀与理解。它像是心灵的细雨，既滋润了双方情感的土壤，促使情感的花朵更加绚烂地绽放，又不会过于沉重，保持了彼此关系的轻松与和谐。这类言语蕴含着对伴侣的欣赏，生活细节中的关怀提醒，以及对未来美好愿景的共同憧憬，让爱意在日常生活中自然流淌，它既加深了情感的连接，又维持了相互间的尊重与舒适空间。

　　李明和苏雅，一对青梅竹马的恋人，相约在月色里。

　　李明停下脚步，轻轻转过苏雅的身体，让她正对着自己，月光透过稀疏的云层，洒在他们年轻而充满爱意的脸上。他温柔地说："雅，记得小时候我们在这里捉迷藏吗？那时候我就想，如果能找到你，就一定要告诉你一个秘密。"

　　苏雅的眼眸里闪烁着好奇与期待，"什么秘密呢，明？"

雅，记得小时候我们在这里捉迷藏吗？那时候我就想，如果能找到你，就一定要告诉你一个秘密。

什么秘密呢，明？

　　"这个秘密……"李明微微俯身，让自己的声音更加贴近苏雅的耳朵，"就是从那一刻起，你就已经是我心中最亮的星了。无论世界多么宽广，我的目光永远只追随着你。"

　　苏雅的脸颊染上了淡淡的红晕，她轻声回应："明，我也一直有个秘密想要告诉你。在这个世界上，有你在身边，我感受到了安心和幸福。"

　　他们紧紧相拥，在桥上留下了一幅最美的画面。周围的一切仿佛都静止了，只剩下潺潺的流水声，为这对恋人奏响爱的旋律。

　　情侣间说甜蜜的悄悄话，是增进情感的一种方式，还可以增进彼此的信任和理解。正面的语言和情感表达，如赞美、感激和爱的确认，可以增加双方的幸福感和满足感。在忙碌或压力大的生活中，情侣间的温馨对话如同一份心灵鸡汤，能够有效减轻压力，为对方提供心理上的支持和安慰。定期分享甜蜜的悄悄话可以为日常的相处增添浪漫和惊喜的元素。

情侣间说悄悄话，旨在增进情感亲密度，但需谨慎避讳，以免不慎伤害彼此。最重要的是，切莫在私密交流时进行尖锐的批评，哪怕是小玩笑，也需顾及对方感受，避免触及自尊。隐私是神圣的，即使是情侣，也应尊重彼此，不随意泄露对方不愿分享的信息。比较，尤其是与前任或其他人的对比，是情感中的大忌，它只会引发嫉妒和不安。虚假承诺如同美丽的泡沫，短暂的喜悦后是信任的破裂。在倾诉爱意的同时，需细心留意对方情绪，避免一味单方面表达情感需求，给对方造成压力。此外，开玩笑需有度，确保不让对方感到被冒犯。

　　李明和小雅坐在他们熟悉的老槐树下。这棵树见证了他们从青涩到成熟的点点滴滴。阳光透过树叶间隙，洒在两人身上，带来一丝丝温暖。

　　李明拿起手边的一本旧相册，轻轻翻动着，每翻一页，就有一段温馨的记忆被唤醒。"还记得这张吗？那次野餐，你非要学做三明治，结果被鸡蛋糊了一脸。"他笑着看向小雅，眼里满是宠溺。

　　小雅脸颊微红，笑中带着羞地说："那时候多傻啊，不过你还是吃得津津有味的。"说着，她从包里拿出两个保温杯，递了一个给李明，"现在我可进步多了，这里面是我早上特地熬的南瓜粥，试试看。"

　　李明接过保温杯，揭开盖子，一股暖意伴随着南瓜的香甜气息扑面而来。他尝了一口，眼神亮了起来："哇，真的很好喝！这味道，比任何外面买的都要好。"

　　两人就这样静静地坐着，享受着简单的午餐，偶尔相视一笑，无须过多言语，每一个眼神交流都充满了对彼此深深的了解与爱意。在这个平凡的午后，他们用自己的方式，诉说着最真挚的甜言蜜语。

　　情侣之间的悄悄话可以你侬我侬，也可以是家长里短，可以是撒娇耍赖，也可以是一本正经。这种话语是诸多形式的话术中最不受约束，最天马行空，最无须过多心机的。它可以发生在任何地方，可以低声耳语，可以眉目传情，可以放声高歌，它无惧距离，无惧年龄，无惧那些平日里的拘谨和矜持。情侣之间的悄悄话应是爱的细雨，温润心田而不泛滥，增进理解而非制造裂痕。

第三章
驾驭工作的职场话术

　　职场中的话术要求清晰表达，逻辑缜密，让信息一目了然；善于倾听，理解需求，展现专业与尊重；正面反馈，委婉建议，促进团队和谐；面对批评，冷静分析，转负面情绪为成长动力；适时赞美，增强同事的自信心，激发团队活力；掌握分寸，避免过度承诺，保持诚信；灵活应变，根据不同情境调整沟通策略。

新员工的融入之道

新员工的自我介绍是融入职场的第一步，其重要性不容小觑。通过自我介绍，新员工可以简明扼要地分享自己的教育背景、工作经验及专业技能，这不仅能让团队对其能力有初步了解，也为日后工作分配和合作打下基础。同时，这也是展现个人性格特点和兴趣爱好的机会，有助于发现共同话题，促进同事间的友好关系，为营造和谐的工作氛围添砖加瓦。

小李是刚加入蓝天科技公司市场部的新成员，面对即将到来的首次部门会议，他深知自我介绍的重要性。

会议当天，小李站上讲台，微笑着开始了自我介绍："大家好，我是小李，你们的新伙伴。说起我为何选择市场营销这条路，还得从一次偶然的旅行谈起。几年前，我在一次背包旅行中，无意间帮助当地一家小旅馆通过社交媒体吸引了不少游客，那一刻，我意识到营销的魅力——连接人与美好，创造价值。这次经历点燃了我对市场的热情，于是我系统学习营销知识，积累了在科技型企业中从事市场营销工作的实战经验。"

大家好，我是小李，你们的新伙伴。

这个年轻人气场很足啊！

"今天，我带着满腔热忱加入蓝天科技，希望能运用我的专业知识和创意，与大家一起探索市场的新蓝海，让我们的产品不仅触达更多用户，还能真正触动他们的内心。我深知作为团队的新鲜血液，有很多需要学习的地方，期待与各位前辈并肩作战，共同成长。工作之余，我热爱摄影和徒步，期待未来有机会与大家分享生活中的美好瞬间。"

> 新员工自我介绍时应聚焦几个核心要点：基本信息、专业技能、过往成就、职业态度、团队融入意愿、个人特色、职业目标。

清晰、直接地表达思想至关重要，无论是汇报工作还是参与讨论，都要确保逻辑清晰，要点突出。

此外，可以适时分享个人见解或小成就，但要保持谦逊，避免炫耀之嫌。

最后，记得感谢他人的帮助与指导。

小张是某知名 IT 公司新入职的产品经理，在第一次跨部门协调会议上，面对众多经验丰富的同事，小张准备充分："大家好，我是小张，新加入产品团队的一员。虽然我是团队里的新鲜血液，但我带着满腔的热情和对产品的独到见解而来。我相信，通过我们的共同努力，能够打造出更加贴近用户需求的产品。"

这个新产品的细节有些问题。

还望您多多指教。

在会议过程中，面对技术部门提出的质疑，小张诚恳回应："我确实对某些技术细节不够精通，这也是我渴望与各位技术大师深入合作的原因。比如，关于数据安全的讨论，我有一个初步想法，如果可以的话，希望能请教几位专家，共同探讨如何在保证用户较好体验感的同时，加强产品的安全性能。"

我有些问题想和您沟通。

我也正有此意。

会议结束时，小张不忘感谢："今天的讨论让我收获颇丰，真心感谢每位同事的宝贵意见和耐心解释。接下来，我会结合大家的反馈，细化方案，期待我们携手共创佳绩。"

会后，小张主动找到几位关键人物进行了深入交流。

新员工在职场中，有效沟通的话术重点包括：积极主动、尊敬礼貌、清晰表达、寻求反馈、团队协作、适度展现自己、管理期望、解决问题的态度、掌握话术重点。

上下级沟通，把握好分寸

　　新人与上级沟通时，应注意言语间体现出的尊重、专业和积极态度。对话前，细致准备，明确交流目的。汇报时，主动表达，比如，"经理，我整理了这个项目背景资料和初步方案，请教您的意见。"沟通时，珍惜上级时间，语言精练，如"为高效讨论，我总结了三点核心内容。"遇到难题时，在独立思考的基础上，虚心请教，比如"在这个领域，我正深入学习，您认为我该从哪方面加强？"提出问题的同时，附上个人见解或解决方案，比如"关于这个问题，我构思了A、B两个解决方案，您看哪种更合适？"此外，对上级给予的指导表示感激，用"您的建议非常宝贵，对我帮助很大，感谢指导"来巩固良好的互动，这样的沟通方式有助于在职场中建立起积极、专业的形象。

　　小王是某公司新晋的项目经理，即将接手一个重大项目，小王预约了张总的空档时间，准备详谈项目计划。

　　走进张总的办公室，小王谦逊的开场："张总，非常感谢您抽空听

张总，非常感谢您抽空听我汇报工作。关于即将启动的这个项目，我做了一些初步规划，想请您指导一二。

小王，请坐！

我汇报工作。关于即将启动的这个项目，我做了一些初步规划，想请您指导一二。"随即，他递上了精心准备的项目概要，简明扼要地概述了项目目标、预期成果及潜在风险，并特别标注了需要张总决策的关键点。

在讲解过程中，小王不时穿插提问："考虑到市场趋势，我们计划采用创新技术，您认为这是否符合公司的战略方向？"他没有回避问题，对于自己不熟悉的领域，坦诚地说："关于成本控制这块，我还在研究最优的方案，您有没有什么建议或成功的案例可供参考？"

张总给出了建议，并对小王的主动求教和积极态度表示赞赏。小王则用心记录着每一条反馈，不时点头致谢。

讨论接近尾声，小王总结道："非常感谢您的宝贵意见，我将在一周内提交修订版请您审核。"

你的态度是我见过最好的。

哪里，您过奖了。

新人在职场与上级沟通时，应注重以下话术策略：尊重与礼貌先行、准备充分、清晰表述意图、条理清晰、主动求教，展现积极的态度、提出解决方案，而非单一陈述问题，适时反馈进展与成果、适应上级的沟通风格、保持诚实。

在职场与下级沟通，话术需体现包容、激励与指导，旨在构建基于相互尊重的信任环境。开场时，用轻松的问候打破界限，展现亲和力，强调目标。

在布置任务时，采用鼓励与明确相结合的方式："相信你能出色完成这项任务。你觉得有哪里需要支持吗？"

面对挑战或错误，采取建设性反馈："我们一起分析原因，从中学习，你的看法是什么？"

平时，多倾听下级的意见和需求，用"你对此有什么看法？"促进交流，展现你对团队成员个人成长和福祉的关注。

总之，作为新人领导，通过鼓励性、包容性和启发性的话语，不仅能有效指导工作，更能激发团队潜能，构建一个互助、成长的工作氛围。

张经理注意到小李有些沮丧，工作效率也不如以往。为了解情况，张经理决定找小李进行一次面对面的交流。

两人来到休息区坐下，张经理先开了口："小李，最近看你似乎有些疲惫，是不是工作上遇到了什么难题？"

小李说："张经理，其实我对最近的任务分配有些想法。感觉自己的工作量有点大，而且有些任务并不是我擅长的领域，这让我有点力不从心。"

张经理点了点头："我完全能理解你的感受，工作量过大确实会影响效率和心情。不过，你能具体说说你觉得哪些任务不太适应吗？或许我们可以一起找到更好

工作这么多，一项一项的，还有我不擅长的，该怎么办啊。

的解决方案。"

　　小李坦诚地说出了自己的困扰。张经理一边听一边记录，不时地给予肯定和鼓励。

　　"小李，你的反馈非常宝贵。我们确实需要不断优化任务分配，确保每个人都能发挥所长。同时，我也希望你能继续保持积极的心态，我相信你的能力远不止于此。"张经理语重心长地说。

　　小李说："谢谢张经理的理解和支持。我会努力调整自己的状态，也会和团队成员多沟通，共同解决问题。"

　　在职场中与下级沟通，话术需综合考虑引导、激励与倾听的平衡，旨在建立权威同时保持团队的和谐与活力。以下几点是沟通时的核心要素：建立亲和力、明确期望、鼓励参与、积极反馈、展现支持、倾听需求。通过这样的沟通方式，新人领导者能够树立正面形象，激发团队的积极性，促进团队成员间的信任与合作，快速消除老员工对新上级的防备心理和无所谓的心态，为共同目标努力。

会议发言，使个人声音深入人心

会议中发言的话术技巧直接影响会议的成效。

一方面，精练准确的话语能够迅速捕捉听众的注意力，使复杂信息变得易于理解。通过逻辑清晰的论述、数据和实例的支撑，发言者的观点更具说服力，从而在团队中建立起专业和可靠的形象。

另一方面，良好的话术能够激发团队的互动与创造力。通过开放式提问、鼓励反馈和观点碰撞，能够集思广益，促进更加紧密的合作关系。此外，有效的话术还能改善会议氛围，避免误解与冲突。通过正面、尊重的语言，即便是提出批评或异议，也能在维护和谐的前提下推动问题的解决。

项目经理李明在主持一场跨部门的项目会。

他以一个简短而有力的开场白开始："各位，感谢大家在百忙之中抽空参加。今天，我们有三项核心议题需要高效讨论。"

"首先，关于项目的技术路线选择，我准备了两套方案，分别针对成本与效率进行了详细分析。我想听听技术部门的看法。"这种直接而有针对性的提问，迅速激活了现场的讨论氛围。

接着，讨论进入第二个议题：

大家有什么见解吗？

看看我的方案吧。

"销售预测与市场定位。市场部的同事们，你们对该方案的市场接受度有何预判？"李明鼓励其他人自由补充。

在讨论过程中，遇到分歧，李明说："我理解大家的顾虑，让我们从客户需求出发，探讨如何融合两个方案的优点。"

临近尾声，李明总结道："经过今天的讨论，我们明确了技术路径，并对市场策略有了更具体的规划。接下来，我将整理会议纪要，明确各自的责任与时间节点。感谢大家的积极参与和宝贵意见，让我们继续携手前行，共创佳绩！"

首先，用正确的话术，确保了信息的精准传递与高效接收，减少了沟通成本；其次，良好的话术能够激发参与者的积极性与创造性，通过开放式提问和鼓励性反馈提升决策质量。此外，正确的话术能够彰显发言者的专业性和领导力，有助于后续工作的推进与执行。

正确的话术能够彰显发言者的专业性和领导力，通过逻辑清晰、有说服力的表达，建立个人在团队中的权威与信誉，有助于后续工作的开展与执行。它还能优化时间管理，确保会议紧凑有序，避免冗长与偏题，使得每一分、每一秒都能产出价值。如果有情感与智慧的融入，如适时的幽默或真诚的关切，还能够调节会议气氛，减轻压力，使得参与者即便在讨论紧张议题时也能保持良好的心态。总而言之，会议中正确的话术是提升效率、增强团队凝聚力、提升决策质量与改善工作氛围的强有力工具，而错误的话术则会适得其反。

在一次紧急战略调整会议上，市场部经理张伟急于展现自己的领导力，却因不当的话术导致了会议的低效与团队成员对他的不满。

会议开始了，张伟说："我们今天必须解决市场份额下滑的问题，我已经有了全盘计划，照做就行。"这种缺乏铺垫的开场，让在场的各部门负责人略显尴尬，气氛顿时紧张起来。

紧接着，他开始详细阐述自己的方案，每当有人试图提问或提出不同见解，张伟总是打断："我知道你想说什么，但请先听我说完。"

在讨论预算分配时，张伟的表述更是显得强硬："技术部和财务部，你们必须削减20%的预算来支持市场活动，别无选择。"这种命令式的口吻，完全没有考虑到其他部门的实际难处，引起了强烈的反弹情绪。

会议接近尾声，张伟总结道："今天的讨论就到这里，大家回去准备执行吧。"然而，由于整场会议缺乏真正的沟通与共识，多数人离开时面露困惑与不满。

由此可见，张伟错误的话术不仅未能解决问题，反而加剧了团队成员之间的隔阂。

纠正会议中的错误话术，关键在于及时调整沟通策略，强化互动与包容性。首先，认识到问题所在，主动放慢节奏，用更温和、鼓励的语言重新引导讨论的内容，如，"我意识到刚才可能没有充分听取大家的意见，现在让我们一起探讨。"其次，鼓励开放的交流，"对于这个方案，大家有哪些看法或补充？"通过这些调整，可以逐步扭转会议氛围，提升沟通质量，将会议拉回正轨。

表达观点，须具备自信与底气

在工作中，说话的自信与底气是塑造个人形象、促进有效沟通、提升职场影响力的基石。它不仅体现了对自己能力的深刻认识和肯定，还展现了对外界反馈的从容不迫。自信的话语能激发听众的信任，让人信服你的观点和决策，有助于在团队中树立权威，推动项目顺利进行。而底气，则是基于深厚的知识、丰富的经验和充分准备之上的一种内在力量，它让你在面对质疑或挑战时，能够有条不紊地阐明立场，提出解决方案，从而在复杂的工作环境中应对自如。二者相辅相成，使人在谈判桌上更有说服力，在团队合作中更能引领方向，进而为晋升和职业发展铺平道路。

分析师小张在一次与直接上级王经理的个人汇报中，展现出了说话的自信与底气。

小张开门见山地说："王经理，关于最近的市场趋势分析，我通过深入数据挖掘，发现我们产品的潜在市场细分区域有明显的增长迹

你展开说说吧！

王经理，这是我的新发现。

象，特别是在年轻消费群体中。"王经理抬眼望向小张，略带好奇地问："哦？具体有哪些发现？"

小张没有丝毫慌乱，边指图表边解释："正如您看到的，这部分市场在过去的一个季度里，对同类产品的需求量增长了20%，而且他们的消费习惯和偏好显示出这部分消费群体和我们即将推出的新功能有较高匹配度。我已经准备了一份详细的市场进入策略草案，包括定制化的营销活动和产品调整建议。"

王经理听后，露出满意的笑容，说道："小张，你的分析很有见地，准备也非常充分。这就是我们团队需要的洞察力和主动性。请把这份草案发给我，我们需要在下周的策略会议上再深入讨论。"

这次一对一的汇报，小张通过自信而有底气的表达，不仅展示了个人的专业能力，还成功引起了上级的重视。

在工作中，说话的自信与底气虽是提升沟通效果与个人魅力的重要因素，但也需建立在真实性的底线之上，自信表达应基于真实的信息和自我认知，避免夸大其词或虚假陈述。底气来源于真才实学和实际经验，脱离实际的自信只会损害信誉。

在工作中缺乏自信与底气，这不仅影响信息的传达效率，还可能削弱他人对你的信任与尊重。以下是几种典型的表现：

频繁使用模糊词语：缺乏自信。

过度道歉和自我贬低：丧失权威。

避免直接回答或承担责任：转移话题。

依赖他人意见：缺乏见解。

语速过快或过慢：犹豫不决。

过度解释或重复：效率低下。

避免眼神的接触：拒绝沟通。

缺乏自信与底气的话术不仅影响个人的职场形象，还可能影响团队的决策效率和项目的顺利推进。因此，培养自信和有效的沟通技巧对个人的职场发展至关重要。

市场部门召开策略讨论会，轮到小李发言时，他颤抖地说："那个，关于这次推广，我……我觉得，我们可以试试在社交媒体上增加曝光，因为……嗯，现在大家都用社交媒体，对吧？"他目光游移，不敢直接看向主管和其他同事。

主管耐心等待，但小李只是重复着："嗯，就是，加大宣传力度，这样应该能吸引更多人关注。"说完，他赶紧坐下，脸上写满了不安，显然对自己的发言并不满意。

会后，一位经验丰富的同事小张注意到了小李的不自在，主

动找他谈话："小李，你的想法其实挺好的，社交媒体的确是个关键渠道。下次发言时，试着提前准备几个具体方案，比如选定哪些平台，采用何种内容，预估能达到的效果。这样，你说的时候就会更有底气了。"

小李恍然大悟，原来缺乏自信和底气，是因为自己准备不足，没有足够的数据和案例支撑观点。他开始积极准备，不仅深入研究市场数据，还收集了多个成功的案例。

确实，自信与底气在很大程度上源于充分的准备和扎实的专业知识。充分的准备不仅仅是对具体数据和事实的记录，更包括对相关领域最新动态的了解、对潜在问题的预见性分析。专业知识则是支撑这一框架的坚实基础。因此，无论是准备一场重要的演讲、参与决策会议，还是日常的团队沟通，充分的准备和扎实的专业知识都是构建自信与底气的基石。它们让个人在表达中更加精准有力，展现出权威性和专业魅力，从而在职场道路上稳健前行。

客户关系管理：保持适当的距离

在工作中，除了同事之外，我们接触最多的就是客户，沟通是客户关系管理的重要一环，而在沟通话术上与客户保持适当的距离尤为重要，保持这种距离感的关键策略有以下几种：

尊重私人界限：保持职业关系的纯洁性。

专业而友好的态度：张弛有度，避免过度接触。

清晰界定角色与期望：避免产生误会。

适时响应与反馈：展现可靠与关注。

保持客观与中立：避免主观情绪化。

灵活调整距离感：依据不同客户的偏好。

尊重反馈并调整：满足客户的舒适度。

与客户保持适当的距离，是在尊重与理解的基础上，通过专业、友好的交流，构建稳固而健康的工作关系。

市场营销顾问李薇同一家高端时尚品牌市场部经理张女士通话，讨论夏季新品的推广计划。

李薇："您好，张经理，很高兴接到您的来电，请问有什么可以帮助您的？"

张女士直入主题："李薇，夏

你们有什么好的建议吗？

我们这边初步拟定了几个计划。

季新品的推广方案我们想听听你们的建议，这次我们打算尝试一些新的营销手段。"

李薇展现出专业且适度的距离："张经理，我们团队已经根据市场趋势和您品牌的独特定位，初步拟定了几个计划。考虑到夏季消费者行为的变化，我们计划结合线上直播带货与线下体验活动，同时利用大数据精准营销，来提升品牌的曝光度和顾客的参与感。"

张女士听后表示满意地说："听起来不错，但我对大数据这块不太懂，你能简单解释一下吗？"

李薇注意到不要提及过于技术性的细节："大数据分析能帮助我们更精准地识别目标消费者群体，通过分析他们的购买习惯、偏好，定制个性化的推广信息。具体应用到贵品牌，我们会进一步细化分析，确保策略的实施既高效又符合贵品牌的形象。"

这个顾问非常专业。

她确实没有说多余的话。

与客户保持适当的距离，在维护职业尊严的同时，促进了双方的尊重与信任，得到了客户的信赖，促成了长期的合作关系。保持适当的距离是一种智慧的沟通策略，它在尊重与效率之间找到了最佳平衡点，促进了职业关系的良性发展。

未能与客户保持适当的距离，可能会破坏职业交流的平衡，导致关系复杂化，影响工作效率与合作氛围。过于亲近可能会模糊工作与私交之间的界限，减弱专业权威性，使客户对服务或决策的公正性产生疑问。同时，这可能引起其他团队成员的不满或感觉被边缘化，影响团队凝聚力和整体服务的品质。此外，过高的个人依赖性会增加期望管理的难度，一旦无法满足非正式建立的过高期待，就容易导致误解与失望，损害长期的合作关系。综上所述，适当的距离是维护专业性、确保沟通效率与团队协作顺畅的重要因素。

在一家公关公司，小李负责与一家大型企业的市场部对接。

一次，小李在周末的晚上给客户方的市场经理王经理发送了一条消息："嗨，王哥，晚上好啊！突然想到一个创意，咱们新品发布会可以搞个大型互动游戏，就像上次我们私下聚会玩的那种，你觉得怎么样？"小李本意是想展示自己的热情和创意，但忽略了时间与场合。

王经理看到信息后，虽然感受到小李的热情，但同时也有些困扰，回复道："小李，感谢你的想法，不过现在是休息时间，我们最

好在工作日再讨论这些。另外，还是按照正式流程来，准备详细的提案吧。"

小李意识到自己没有把握好分寸，他反思后，决定调整策略，回复道："王经理，非常抱歉在休息时间打扰您，是我考虑不周。我会在明天的工作时间准备一份详细的活动提案，确保内容既有创意又符合品牌调性，到时候再正式与您讨论。再次为我的疏忽向您道歉。"

在与客户的沟通中，保持适当距离的关键在于明确界限。在我们不断与客户的接触中，双方势必都在相互试探，最终相互熟络，这时候，我们必须要明确自己的定位——公私分明，切勿越界。即便私下和客户有一些工作之外的往来，也要在涉及工作的时候马上切换模式，切勿将私人的感情带入到涉及工作的沟通中来，否则，必将丧失工作中的原则性，导致工作失误，客户流失。

与同事相处，真诚与智慧并重

在职场中，与同事对话时融合真诚与智慧，意味着在每一次交流中，都要以尊重、理解和建设性为核心。

当面对工作上的分歧，表达既要肯定对方的努力和贡献，又以建设性的方式引入了自己的观点，营造了一个鼓励、创新与合作的氛围。

同时，展现出对他人工作的真诚赞美。这样的正面反馈，不仅增强了团队的凝聚力，也促进了个人间的相互尊重和信任。

在处理敏感或争议性话题时，使用中肯且考虑周到的话语，避免绝对化的表述，寻求共识。

综上所述，真诚与智慧并存的对话策略，是积极倾听、尊重差异、正面反馈、建设性建议和敏感问题的巧妙处理。

公司接到了一个重要的品牌重塑项目，客户要求既保留品牌的传统元素，又要融入现代时尚感。

在项目讨论会上林浩首先表达了自己的观点："我认为我们应该大胆尝试新的设计语言，用鲜艳的色彩和创新的构图来吸引年轻消费者的注意。"

苏晴听后，并没有立即反驳，而

我们要尝试新的设计，以创新为主。

但也要保留传统啊。

是先肯定了林浩的想法："你的提议确实很有创意，能够吸引年轻人的目光。但是，我们也需要考虑品牌的历史底蕴和现有客户的感受。我认为，我们可以在保留品牌传统元素的基础上，通过细节处理来融入现代感。"

林浩意识到，苏晴的提议并非没有道理，而是从另一个角度考虑了问题。于是，他诚恳地说："你说得对，我确实没有全面考虑这个问题。我们可以结合你的细腻处理和我的创意元素，看看能不能找到一个平衡点。"

在接下来的时间里，。他们不断交换意见，尝试将各自的想法融合在一起。经过多次的修改和完善，他们终于设计出了一套既符合品牌传统，又充满现代感的方案。

    与同事交流，真诚智慧的话术要遵循两个基本的原则：诚实守信、平等交流。传达真实信息，不夸大事实，不隐瞒关键信息；无论职位高低，每位同事在对话中都应享有平等的发言权，不以职权压人，鼓励每个人自由表达观点，营造包容和平等的沟通氛围。

在职场沟通中，忽视真诚与智慧的交流方式，会对个人和团队造成深远的负面影响。信任的基石一旦动摇，工作环境将充斥着猜疑与隔阂，导致团队协作效率大幅下降。信息传递的失真不仅会引发无数次无谓的误解与冲突，还可能错过解决问题的最佳时机，影响决策质量。长此以往，团队整体的创新能力与竞争力也将大打折扣。此外，这样的沟通模式还可能严重影响人际关系，影响职场人的心理健康，进而增加人员流动率，不利于团队的稳定与持续发展。综上所述，缺乏真诚与智慧的沟通，从个体到团队，乃至组织的整体效能都会遭受重创。

市场部的李薇和设计部的张强正在为一个重要的项目筹备会议。两人在讨论调整设计方案时，不自觉地陷入了争执。

李薇急切地说："张强，你这设计稿完全偏离了客户需求，颜色太过张扬，根本不考虑市场反馈！"

张强反击道："李薇，你又不是设计专业的，怎么知道什么是好的设计？我们的创意就是要大胆，你这样保守，怎么吸引眼球？"

项目总监王经理决定介入调解。他指出了他们沟通中存在的问题："有效的沟通是建立在理解与尊重之上的，我们需要真诚地表达自己的观点，同时也要认真倾听对方的想法。只有大家放下成见，真诚合作，我们的项目才能成功。"

李薇和张强意识到了自己的问题，决定重新开始。他们安排了一次非正式的午餐，以更平和的态度重新讨论设计。李薇用数据支持她的观点，同时表达了对设计创意的尊重；张强则分享了他的设计理念，并认真听取了反馈意见。

非攻击性沟通：即使在意见不合时，也应避免使用攻击性语言或负面评价。讨论问题而非针对个人，确保批评是建设性的，且对事不对人，维护一个正面和谐的交流环境。

责任与担当：在对话中承诺的事宜，应负责任地跟进并执行。若犯错，勇于承认并积极寻求解决方案，展现成熟的职业态度。

坚守这些底线原则，能够确保职场对话在真诚的基础上，更加积极地进行，促进团队成员间的相互理解和协作。

赞扬、激励与请教的语言艺术

在职场中，恰当的话语能够显著增强团队的凝聚力，提升工作效率，以下是一些实用的赞扬、激励与请教的原则：

赞扬话术：一定要是具体而真诚的赞美，切忌假大空。赞扬的形式首选公开表彰，既提出了赞美，也能激励他人。

激励话术：做目标导向的激励，和针对个人的个性化鼓励，无论哪种，一定要落实到具体的奖励。

请教话术：秉承虚心求知的原则，明确具体需求。

赞扬时具体而真诚，激励时正面且个性化，请教时表现出尊重和明确的目标，这样不仅能提升个人在职场中的形象，还能有效促进团队成员之间的良好互动与合作。

项目截止日期逼近，整个创意团队都处于高压之下。张伟连续加班数日，努力完善客户要求的广告设计。项目经理赵明注意到了张伟的疲惫与努力，决定给予他一些直接而真诚的鼓励。

赵明轻声说："张伟，我知道这段时间你一直在

张伟，我知道这段时间你一直在拼命，设计稿我看了，尤其是昨天那份关于环保主题的海报，既贴合主题又富有冲击力，客户看到一定会眼前一亮。

谢谢赵经理，说实话，这几天确实有点累，有时候也会担心创意不够好。但听到你这么说，感觉一切都值了。

拼命，设计稿我看了，尤其是昨天那份关于环保主题的海报，既贴合主题又富有冲击力，客户看到一定会眼前一亮。你的设计总能抓住人心，这背后的用心和创意，大家有目共睹。"

张伟说道："谢谢赵经理，说实话，这几天确实有点累，有时候也会担心创意不够好。但听到你这么说，感觉一切都值了。其实，我也从团队合作中获得了很多灵感，比如李娜的文案总能给我新的角度，让我在设计时能更好地考虑实际效果。"

赵明说："张伟，我们都感同身受，压力大是常有的事，但正是在这种环境下，团队的相互支持和鼓励尤为重要。记得，累了就适当休息，保持创造力的源泉，有困难大家一起扛。"

你也要注重劳逸结合啊！

谢谢赵经理的关心。

恰当的鼓励不仅能够显著提升个人的自信与动力，还能加深团队成员间的默契与凝聚力，营造一个正向、积极的工作氛围。通过真诚的肯定，员工感到被尊重和价值认同，这种正面情绪的传播能够有效减轻工作压力，促进创意的涌现和效率的提升。

在职场中，巧妙地请教是一门艺术。恰当的请教方式能够开启知识的大门。关键在于提出问题的人以一种不卑不亢、真诚恳切的态度，表达出对对方专长的认可及自身学习成长的渴望。例如，用一句"我在处理这项任务时遇到了瓶颈，深知您在这方面经验丰富，能否赐教一二？"既展现了对同事的尊敬，又清晰表达了求助的意图，还能激发对方的指导欲，营造出积极向上的工作氛围。这样的请教，不仅解决了眼前的问题，更在无形中深化了同事间的相互理解和信任，为职场人际关系的良性循环奠定了基础。

在一个书院中，有一名年轻的学士名叫李轩和一名学识渊博的老先生，名叫郑玄。李轩向郑玄求教。

李轩行礼过后，谦逊地说："晚辈李轩，久闻先生诗文造诣深厚。晚辈在诗文创作上常感力有不逮，尤其在如何寓情于景、情景交融方面，常感迷茫，望先生不吝赐教。"

郑玄说道："李贤侄求学之心，令人赞赏。诗文之道，贵在情真意切，情景相融。试想，若置身山水之间，心随景动，情由心生，如此则诗句自然流淌而出，情与景浑然一体。汝可多游历山水，亲身体验自然之美，再将所感所想融入笔端，定能有所进益。"

李轩问道："如何才能使其意蕴深远，打动人心呢？"

郑玄缓缓说道："诗文之美，在于言外之意，弦外之音。汝需多读经典，体味古人的遣词造句，更要用心感悟人生百态，世间冷暖。"

李轩连连拜谢："先生一席话，犹如拨云见日，使晚辈受益匪浅。定将先生的教导铭记于心，勤加实践。"

在职场中请教时，恰当的话术至关重要，它关乎信息的有效获取，体现了个人的职业素养和团队合作的精神。以下是一些需要注意的关键点，以确保请教过程既专业又得体：明确目的、表达尊重、把握时机、展现自我尝试、保持开放的态度、感恩反馈、付诸实践。

遵循这些注意事项，可以让你在职场中更加有效地请教，不仅获得所需帮助，还能树立良好的职业形象，促进职场关系的和谐发展。

办公室八卦：笑而不语，淡然处之

面对办公室八卦时，运用得体的话术策略显得尤为重要。你可以尝试这样回应："最近项目挺忙的，大家工作都很投入，不如我们聊聊最新的项目进展，或者分享一下工作中遇到的有趣挑战吧！"当被卷入八卦讨论时，可以用中立、客观的语气回应，避免表达过多个人意见。"哦，是吗？我还没听说呢。"这样的回答既不传播也不否认，避免了参与其中的麻烦。这样的回答既避免了直接参与八卦讨论，又自然地将话题引向更为积极正面的方向，体现了你的职业态度和对团队正能量的关注。同时，展现出你对个人隐私的尊重以及维护良好工作环境的责任感。

小林刚踏入办公室，就听见几位同事围在茶水间，低声议论着新来的市场部经理的私人生活。

一位同事注意到小林，便试图拉他加入："小林，你听说了吗？新经理好像有些家庭矛盾……"

小林温和地回应："哎呀，最近项目上的事情真的让我焦头烂额，都没时间关注这些。不过，说到项目，我有个想法，正想找机会和大家分享一下，不知道大家有没有时间？"他巧妙地将话题从八卦转移到了工作上。

同事们稍显尴尬，但很快有人接话："哦，对了，小林，你那块确实挺忙的。说来听听，你的新想法是什么？"于是，大家自然而然地围绕着工作展开了讨论，先前的八卦话题也就此烟消云散。

小林在不经意间，既保持了团队的正面氛围，又避免了参与不适当的闲聊，赢得了同事们的暗暗赞许。这个小小的举动，让他在办公室中树立了一个专业、正面的形象。事后，他还私下向新经理表达了友好和不受谣言影响的态度，进一步巩固了同事间的尊重与信任。

大家有时间讨论工作吗？

我正好想听听你的想法。

办公室难免出现八卦，智者会选择泰然处之，无论八卦的中心是谁，无论讨论事关哪一方面，都是对工作和人际关系不利的，背后的议论，尤其是对于同事的私生活或者对同事工作中的失误以及能力的私下议论，无疑会伤害对方的情感。

参与办公室八卦对话，短期内可能增进了与同事间的亲密感，但实际上潜藏诸多不良后果。首先，它会损害个人的职业形象，给人留下不专注工作、喜好是非的印象，影响领导和同事的信任。其次，八卦内容往往未经证实，传播容易造成误解与伤害，伤害他人感情，破坏团队和谐，有个成语叫"众口铄金"，八卦毁掉一个人是有可能的。再者，参与八卦可能导致自己成为下一个被议论的对象，影响人际关系和心理健康。长期而言，这样的行为可能让你错失职业晋升机会，限制个人发展。因此，理性对待职场交流，远离八卦，专注于建设性沟通，是维护良好职场环境与个人发展的明智之举。

　　小张和几位同事聚集在公司的休息区，小张不经意间开启了话题："你们听说了吗？我听说小王可能要被提拔为小组主管了，这速度也太快了吧。"

　　同事小李好奇地问："真的？他是有什么后台吗？"

　　小张故作神秘地说："我也不清楚，可能是高层看好他吧。不过，这事儿还没正式宣布，你们可别外传哦。"

　　小赵插话："哎，这世道，有能力还得有背景才行。咱们还是踏踏实实做事吧。"

几天后，小王偶遇小张："小张，我听说了一些关于我要晋升的传言，源头是不是你那边？"

小张一愣，连忙辩解："哎呀，小王，我就是随口一提，没想到会传成这样。我没别的意思。"

小王叹了口气："这事八字还没一撇呢，搞得我'压力山大'。还是少说这些不确定的事吧！"

人事部经理召集了小张和其他几位涉及传播谣言的同事谈话，语气严肃："办公室不是八卦场所，你们的行为严重影响了团队氛围。公司有严格的保密规定，希望大家引以为戒。"

> 对不起，我也是随口一说。

> 你搞得我压力好大。

> 　　杜绝办公室八卦。首先，领导层应树立榜样，鼓励开放、诚实的沟通方式，提倡通过正式渠道分享信息。其次，个人应提高自我意识，意识到八卦的危害，选择积极正面的话题，对未经证实的信息保持沉默，学会转移话题技巧，将焦点回归到工作本身。同时，企业可开展相关培训，增强员工的职业道德和沟通技能，制定明确的行为准则，并对违反规定的行为实施适当的管理措施。

面对困难时的求助语言技巧

在工作中遇到困难时，通过恰当的话术寻求帮助，不仅能够有效解决问题，还能增进团队成员之间的合作与人际关系。以下是一些建议：

明确表达问题："大家好，我遇到了一些挑战，希望能得到大家的帮助。"

展示自己的努力："我查阅了相关资料，但似乎还缺少关键的一环，我相信团队中有人能帮我突破这个瓶颈。"

明确请求帮助的内容："我特别需要这方面的指导，或者如果有人能和我一起头脑风暴，找出解决方案，我将非常感激。"

表达感激之情："提前感谢大家的帮助。

李娜在整合项目中的一个模块时遇到了技术难题。

李娜决定主动寻求张伟的帮助。她以诚恳的语气说："张伟，你有空吗？我遇到了一个棘手的问题，正需要你的专业指导。"

张伟抬头，看到李娜略显焦急的神色，立刻放下手中的工作："当

然，有什么问题，我们一起看看。"

李娜领着张伟来到会议室，打开笔记本电脑，指着屏幕上的代码解释道："这个数据处理模块，我尝试了好几种算法优化，但效率始终不尽如人意，特别是大规模数据测试时，性能瓶颈明显。我知道你是这方面的高手，想请你帮我分析一下，看能不能找到更高效的解决方案。"

张伟说："这个模块确实挺复杂的，我之前处理过类似的问题。我觉得我们可以从数据预处理入手，尝试使用并行计算或者引入一些新的数据结构来优化。"

李娜感激地点点头："太好了，我觉得心里有底多了。"

"明天上午我预留了时间，我们一起把这个难关攻克。"张伟爽快地答应了李娜求助。

太感谢你了！

互帮互助是应该的。

工作中寻求帮助，无论是对上级还是下级，抑或是同级同事，首先要做到大大方方，切勿支支吾吾、扭扭捏捏；其次要选择时机和对象，在错误的时机或者找错误的人寻求帮助会适得其反；最后，一定要记得表示感谢哦。

工作中寻求帮助，归根结底是有求于人，这时如果说错了话，会适得其反，使求助者无法解决眼前的难题，工作无法顺利进行。假如求助者用情绪化的语言或表现出过分的依赖，不仅无法高效解决问题，还可能在无形中孤立自己，减少了从挑战中学习和进步的机会。比如说"嘿，你过来帮我一下。"或者"你这人，让你帮个忙你还挑三拣四的"或者"你怎么不早告诉我啊，你就瞅着我犯难吗？"等话术都是错的。因此，掌握积极、明确且尊重他人的求助话术至关重要，要不卑不亢，尊重且谦逊。

小李正在负责一个系统模块的开发。随着进度深入，小李遇到了瓶颈，压力之下，他在一次团队会议上，激动地喊道："这模块我弄了一个星期了，根本搞不定，谁来帮帮我吧，不然项目要延期了，如果项目延期了，大家谁也担待不起！"

此话一出，气氛顿时变得尴尬。小李的直接上级张经理虽然表情严肃，但语气平和地询问具体情况，试图缓和紧张氛围。而小李只是反复强调自己的努力和问题的难度，没有提供足够的技术细节或是他尝试过的解决方案。

　　这次求助，不仅没有立即得到实质性的帮助，反而让团队成员对小李的专业能力产生了质疑。一些同事私下讨论，觉得小李缺乏解决问题的主动性和沟通技巧，这种"求助即抛锅"的态度让大家在之后的合作中对他有所保留。

　　最终，资深工程师王工站了出来，他指出了解决办法，同时也提醒小李，未来在求助时应更具体地说明问题，展现自己尝试解决的过程，这样不仅能更快获得有效帮助，还能维护团队的和谐与效率。

　　古语说："三人行，必有我师焉。"在职场中亦然，没有谁是全知全能的，遭遇瓶颈，寻求协助是每一个人的必经之路和必修课。正确的求助语言会让别人倾力相助，否则就会招致反感甚至错误的帮助。用正确的语言和正确的态度，正视问题，展示困难，把握时机，向专业的同事求助。

微信工作群沟通：表情包亦是重要元素

在远程办公日益普及的今天，微信沟通在工作场景中的重要性日益凸显，表情包成了重要的沟通辅助工具。

首先，表情包能够弥补文字沟通的局限性。由于缺少面对面交流的非言语线索，如面部表情和语调。恰当的表情包能够有效传达情绪和语气，使所要传递的信息更加饱满，帮助接收者准确理解发送者的意图和情感状态。

其次，表情包有助于营造轻松愉快的工作氛围。在严谨的工作讨论中穿插适宜的表情，能够缓解紧张气氛。它们如同现实生活中的微笑或点头，增加了人际关系之间互动的温度，促进了团队成员间的亲密度和协作精神。

小赵熬夜赶制的海报初稿被客户退回，要求大改。他心情沮丧，凌晨时分在项目微信群里发了一条消息："大家好，刚收到客户反馈，需要我们重新设计，压力山大……"后面附上了一个疲惫不堪的表情包。看到信息，经理林晓回复："不怕，我们一起上！"并跟了一个挥舞拳头加油的表情，随后又发了一个笑脸和咖啡杯的表情，写道："明早我带咖啡给大家，我

们来个头脑风暴，一定能找到最佳方案！"

　　第二天，团队成员喝着林晓准备的咖啡围坐在一起，氛围明显比昨晚的微信对话轻松许多。讨论中，每当有人提出创新点子，林晓都会适时发送一个"赞"或者"灯泡亮起"的表情，既表达了肯定，又激发了更多的灵感火花。即便是对某些想法持保留意见，她也会用温和的表情加上建设性的文字，确保批评也是鼓励式的。

　　最后，小赵在群里发了个感激涕零的表情，配文："谢谢大家，这次真的学到很多，咱们是最棒的团队！"

　　表情包作为一种高效的表达方式，能够快速反映态度，节省了打字解释的时间。比如，一个简单的"点赞"表情，就可以表达赞同或鼓励，比起冗长的文字回复更为直接和省时。

　　表情包还富有文化特色和时代感，它们往往紧跟潮流，富含幽默元素。

在微信沟通工作中正确使用表情包，需要注意以下原则：

了解工作环境：在较为正式或保守的工作环境中，使用表情包时应偏向简洁、专业。

表情适时适量：在讨论重要的工作事宜时，应减少使用量。

选择适宜的表情：使用与内容相匹配、表达清晰且不易引起歧义的表情包。

考虑接收者：对于不太熟悉或职位较高的领导，初次使用表情包时可以选择更加中性和专业风格的表情。

展现个性但不越界：适当的个性化表情可以展现个性，但要确保不触及职场礼仪的界限。

反馈与调整：注意观察对方对表情包的反应。

小李对微信沟通中的表情包文化情有独钟。然而，一次不经意的失误，却给他上了深刻的一课。

当时，正值公司产品发布会筹备的关键时期，小李负责与市场部对接，市场部的小王发来一条微信，提出了对产品功能描述的一个疑问，希望小李尽快解决。小李当时正忙于处理其他紧急事务，随手回复了一个"捂脸苦哭"的表情包，心里想着表达的是"哎呀，这个小疏忽，我马上查"，同时打算稍后详细回复。

　　不料，小王看到这个表情包后，误以为小李是在嘲笑他。次日，小王将此事反映给了部门主管，指出沟通中的误会。主管了解了情况后，找小李谈话，指出了在工作沟通中，特别是涉及重要事务时，仅使用表情包回复可能会引起对方的误解，特别是在没有附加明确文字说明的情况下。

　　这次事件，虽然最终通过双方的直接沟通得到了澄清，但小李也因此意识到了在职场微信沟通中，表情包虽能增添趣味，但需谨慎使用，特别是在处理正式或敏感的事务时，应当结合明确的文字说明，以避免不必要的误解和职场关系的紧张。

　　线上沟通的表情包就如同当面对话时的肢体语言、眼神、表情等，是语言必不可少的。使用表情包一定要注意分清场合，注意对方身份，尤其是现在职场新人，他们在生活中对表情包文化趋之若鹜，工作中难免也用得更多。错误地使用表情包，可能让阶段性的工作功亏一篑。因为同文字表达不一样的是，表情包更容易让人产生误解，一定要做到慎用、巧用、妙用表情包，别让有利的工具变成不利的累赘。

第四章
语惊四座的演讲话术

　　演讲话术的精髓在于：开场引人入胜，迅速抓住听众的注意力；结构清晰，逻辑连贯，确保信息有效传递；适时互动，调动情绪，增强参与感；使用故事、数据，让观点生动有力；掌握节奏，适时停顿，给予听众思考空间；结尾有力，重申主旨，给人留下深刻印象；运用肢体语言，增强表达力。

引人入胜的开场与结尾

演讲中，一个引人入胜的开场白能够立即吸引听众的注意力，为整个演讲设定基调。以下是一些有效的开场话术策略：

提问互动："各位，如果能回到过去，告诉年轻的自己一件事，你会说什么？今天，我想和大家分享的就是我心中的那个答案。"

引用名言："正如孔子所言……"

讲故事："在一个风雨交加的夜晚……这个故事，正是我今天想要分享的旅程的起点。"

展示惊人的事实或数据："一个惊人的事实是……"

自我揭露："在决定站在这里之前，我曾是一个对公开演讲充满恐惧的人。"

设置悬念："在未来十年里，有一种技术将彻底改变我们的生活方式，这项技术是什么呢？"

因此，选择适合你的开场方式，可以有效提升听众的兴趣和参与度。

如果时间是一本厚重的书……

下面是一个关于创新的演讲开场白。

在历史长河中，总有那么几个瞬间，如同星辰照亮人类前行的道路。这些时刻无一例外，都是创新的火花碰撞而出的辉煌。

想象一下，如果时间是一本厚重的书，

那么每一页的翻动，都是一个创新故事的开始。从仓颉造字，开启文明的第一页，到司马迁著书，让历史有据可查。这些创新是人类智慧与勇气的见证。

　　但创新从不是少数天才的专利。它藏在每个人心中，等待被唤醒。或许此刻，正有某个不起眼的想法，在你的脑海中轻轻闪过，那便是改变的种子。创新，是对现状的不满足，是对更好未来的执着追求，是敢于质疑、勇于尝试的精神。

　　所以，今天我邀请大家跟我一起，放下固有的框架，跳出舒适区，以孩童般的好奇心，重新审视这个世界。让我们不仅仅满足于了解事物的表面，更要深入探索其背后的"为什么"与"为什么不"。因为真正的创新往往源于对常识的挑战，对传统的颠覆。

　　演讲，除了过程偶尔穿插的互动，几乎就是一个人在话术上的独角戏，引人入胜的开场白可以决定这个演讲的成败。所以一个好的演讲者需要对每一个开场白都精心设计，反复雕琢，确保它切合中心思想，还能迅速抓住观众的心。

优秀的演讲结尾话术应该简洁有力，回味无穷，它不仅仅是对演讲内容的总结，更是情感与理念的升华，旨在触动听众的心弦，留下深刻印象。比如，可以用一句富有启发性的话语概括核心观点，激发听众的思考与行动意愿，或是讲述一个寓意深刻的小故事，作为点睛之笔，让信息深入人心。同时，表达感谢之情，认可听众的时间与关注，建立紧密连接，最后以一个展望未来的美好愿景或号召性语言结束，鼓励听众怀抱希望，共同前行。这样的结尾既展现了演讲者的深思熟虑，也确保了演讲的能量满满，余音绕梁。

下面是一个关于创新的演讲的结尾。

亲爱的朋友们，当我们的思绪穿越了创新的广阔天地，从最初的火花点燃，到如今满载收获的归航，我们共同见证了思维的力量，以及它如何重塑世界，绘制未来。此刻，在演讲的尾声，我希望这不是结束，而是一个全新的开始。

让我们铭记，创新不仅是技术的突破，更是心灵的觉醒，是对未知无畏的探索，对美好生活的不懈追求。

在此，我想借用一句话作为我们今天演讲的句点，也是新征途的起点："未来已来，将至已至。"让我们怀抱对创新的无限热情，不仅做时代的见证者，更要成为历史的书写者。

　　让我们承诺，无论未来的道路如何曲折，都将以开放的心态、坚韧的意志，持续探索，不懈创造。因为正是这份对创新的执着，将指引我们通向更加辉煌、更加和谐的明天。

　　最后，衷心地感谢各位，愿我们再次相遇时，都能带着更多的故事、更大的梦想，共同续写人类创新的伟大篇章。谢谢大家！

　　演讲的最终目的往往是获得观众行动上的支持，达到这个目的的前提是获得其内心的认可。所以优秀演讲者的结尾话术除了总结归纳，表示感谢等之外，还有一点非常重要：再次引起共鸣。演讲的结束不仅仅是语言的结束，更要用演讲者同观众的情感的再一次共鸣来收尾，这样，演讲才能最大程度地深入到听者内心，收获观众的认同和支持，没有共鸣的演讲是失败的，所以"凤尾"般的结束语至关重要。

触动人心，吸引听众的注意力

在演讲中触动人心，要让话语不仅仅是耳边风，更能深入心灵。首先，拥抱真实，用你的故事作为钥匙，让听众在你的经历中找到共鸣。

其次，选用那些能够触及心灵的词汇，搭配温柔而有力的语调，仿佛在听众心中轻轻描绘了一幅幅动人的画面。适时的停顿，给予听众时间去感受、去思考。

再者，展现真诚，无须隐藏瑕疵，因为真实比完美更能触动人心。

最后，无论讲述的是挑战还是胜利，都着眼于这些经历如何让我们更加坚强，用积极向上的心态照亮听众的心灵，激发他们对生活的热爱和对未来的憧憬。

闻一多，中国诗人、学者，他的演讲以其深刻的爱国情怀、激昂的情感和犀利的思想著称。在他的诸多演讲中，1946 年 7 月 15 日，闻一多在云南大学至公堂发表的"最后一次演讲"，尤其触动人心。

在这次演讲中，闻一多先生公开谴责了李公朴先生在昆明被暗杀的事件。他的话语直接而有力，充满了对黑暗势力的痛斥以及对光明未来的坚定信念。其中，有这样一段话，至今仍激励着无数人：

"这几天，大家晓得，在昆明出现了历史上最卑劣、最无耻的事情！李先生究竟犯了什么罪，竟遭此毒手？他只不过用笔写写文章，用嘴说说话，而他所写的，所说的，都无非是一个没有失掉良心的中国人的话！"

这段演讲，不仅仅是对一个事件的愤怒回应，更是对所有追求真理、正义人士的鼓舞和召唤。闻一多先生用自己的生命践行了言论自由的可贵，他那挺身而出的勇气，深深触动了在场的每一个人，激励他们在国家危难时刻勇敢地站出来，为正义发声。

　　触动人心的演讲，是一场心与心的对话，是情感的真实流露，是对人性深刻理解的体现。当你用心去讲，用情去触碰，每一个字都会变成温柔的力量，悄悄在听众的心中种下希望的种子，最终获得听众行动上的支持。

一场未能触动人心的演讲，其失败之处体现在以下几个方面：

缺乏真诚：演讲者只是机械地念稿，从而难以产生情感上的共鸣。

内容空洞，缺乏深度与独特的视角，无法引起他们的兴趣和思考。

忽视听众需求与兴趣：导致信息传达出现断层。

语言平庸，缺乏感染力：使得演讲听起来像是日常闲聊。

缺少故事与实例：缺乏生动故事或具体实例支撑的观点显得抽象而难以引起共鸣。

节奏不当，未能把握听众的情绪：影响信息的传递和情绪的营造。

缺乏互动与参与感：单向沟通难以激发听众的热情和参与度。

有许多演讲虽然十分朴实，却感人至深。有一位白手起家的老板曾经在演讲时，深情回忆了自己小时候的经历：

我出生在一个宁静的农村……

"我出生在一个宁静的农村，那里有着与城市迥异的田园风光。虽然江苏常被外界视为富饶之地，但宿迁有着不同的面貌。回忆起童年，外婆带我前往镇上购买猪肉的情景历历在目。那时，猪肉对我们来说是难得的珍馐美味。外婆会将猪肉切成薄片，精心滤去多余的油脂。那些油脂凝固后，我们会小心地将它挂在梁上，不仅是为了防止小动物偷吃，更是为了防止我们因贪嘴而提前吃掉这份难得的美味。每周，外婆都会将那罐珍藏的猪油小心翼翼地取下，轻轻地为每人的碗中添上一勺，那香味四溢的瞬间，是我童年最温馨的记忆。"

这段话是对往昔的回顾，充满了温情，更容易打动人心。

没想到老板还有这么一段经历。

　　一场引人入胜的演讲，无论是陈述事实、故事或问题，都要用语言的技巧抓住听众的注意力：语言流畅而充满力量，融合真诚情感与理性剖析，让每个词句都掷地有声；适时穿插幽默或自嘲，使氛围轻松而不失深度；讲述中，用"你"为主语，拉近与听众的距离，让他们感受到仿佛正在与演讲者直接对话；高潮处，声音抑扬顿挫，情感充沛；结尾升华主题，以强有力的口号或愿景收束，令听众心绪难平，久久回味。

逻辑清晰，确保信息准确传达

在演讲中展现逻辑清晰的话术意味着要合理安排演讲的起承转合，每一部分都紧密相连，论点明确且有充分的支撑，同时运用恰当的语言工具引导听众。有效的做法包括：

开场即明确演讲的核心议题或目标，引发听众的期待。

演讲主体部分，按逻辑顺序展开论述，无论是时间顺序、重要性排序或是"问题——解决"模式，确保每部分内容自然过渡。

论述时，对于每个主要观点，提供清晰的例证、数据或故事来增强说服力。

适时总结已经讲述的内容，特别是在转换话题或进入新论点之前，帮助听众巩固记忆，保持思路的连贯。

使用重复策略，对核心信息或关键词进行适度重复，但需避免冗余，确保信息突出而不使人厌烦。

结尾时，不仅要概括演讲要点，还可以提出展望、建议或呼吁行动，为演讲画上圆满的句号。

综上所述，逻辑清楚的演讲话术依赖于良好的结构设计、明确的信息传递，以及与听众的有效互动，确保信息的传达既有力又易于接受。

下面是一个演讲案例：

各位，今天我想探讨的是一个影响所有人未来的关键决策——投资可再生能源的重要性。

首先，让我们面对一个事实：传统能源资源正在枯竭，环境影响日益严重。近年来极端气候事件频发，空气质量困扰着许多大城市。

我今天谈的是投资可再生资源的重要性。

那么，转向可再生能源是解决方案之一。为什么这么说呢？首先，从环保角度看，太阳能、风能等可再生能源几乎不产生温室气体，有助于减缓全球变暖。数据显示，到2030年，仅通过扩大可再生能源规模，就能减少近20%的碳排放。

其次，从经济角度考虑，长期来看，可再生能源的成本正在快速下降，其中运营成本远低于化石燃料的运营成本。

让我们携手，为后代留下一个更加绿色、繁荣的世界。

或许有人会担心，可再生能源供应不稳定怎么办？随着储能技术的进步和智能电网的发展，这个问题正逐渐得到解决。

总之，此举是保护地球环境的必要之举，是创造可持续未来的战略选择。我们每个人都能在这个转变中发挥作用。让我们携手，为后代留下一个更加绿色、繁荣的世界。

通过明确的结构、数据支持、实例论证以及有效回应可能的反对意见，来构建一个逻辑清晰的演讲。演讲者一步步引导听众理解问题的紧迫性、解决方案的可行性，并最终获得听众的支持和理解，让整个过程显得条理分明，逻辑连贯。

演讲中话术逻辑混乱会导致严重后果，不仅影响信息的有效传达，还可能削弱演讲者的可信度，甚至造成听众的困惑与不满。当演讲缺乏清晰的结构，论点跳跃无序，听众难以捕捉要点，思维无法跟上演讲节奏，容易感到厌烦或失望。逻辑不清易引发误解，听众可能抓不住演讲的主旨，对所传达的信息产生疑惑，从而导致沟通失败。此外，这还可能暴露出演讲者准备不足或思维不够严谨的问题，损害个人或品牌形象。更有甚者，面对重要决策或呼吁行动的演讲，逻辑混乱可能导致错失合作机会，或在关键时刻无法凝聚共识。

下面是一个逻辑混乱的演讲案例：

创业者小李登台，准备分享他的创新项目——一款家庭智能跑步机。然而，随着演讲的开始，小李的话术如同他介绍的跑步机速度调节一样，思维跳跃。

> 今天我给大家讲讲我们的家庭智能跑步机。

一开始，小李热情洋溢地谈论起人工智能的未来，随即突然转到自己儿时对运动的热爱，没有明确的过渡，听众一脸茫然。接着，他跳回主题，开始描述跑步机的高科技传感器，但随即又穿插进一段关于材料科学的深入探讨，似乎忘记了自己原本想要强调的产品特点。

正当大家试图跟上他的思维逻辑时，小李又出人意料地分享了一个与产品无关的励志故事，讲他如何克服创业路上的重重困难。

随后，小李又急于展示市场分析数据，却在提及关键数字前，岔开去讨论了竞争对手的不足，而没有清晰地对比自家产品的优势。

最终，当小李满怀期待地宣布产品即将上市，并寻求投资时，听众的反应并不热烈。许多人表示，因为演讲逻辑混乱，他们未能完全理解产品的独特价值和市场定位。

逻辑清晰地构建信息的骨架，引导听众思维顺畅流动。缺乏逻辑，信息如散沙，难以给听众留下深刻的印象；而逻辑严密，则能使复杂的观点条分缕析，易于理解接受。清晰的开头概述，提纲挈领，先声夺人；中间论证环环相扣，事实、例证、数据精准支撑，步步推进；结尾呼应开头，要点归纳，意犹未尽。

多样化的演讲风格，避免单一模板

使演讲风格多元化的关键在于灵活运用不同的表达技巧和语言特色，以适应内容变化和吸引不同听众群体。以下几点策略可帮助实现这一目标：

变换语速与音调：调整语速和音调，使演讲富有节奏。

融合故事与事实：穿插个人经历、历史典故或当代案例，使内容丰富多样。

采用问句与互动：适时向听众提问，提升演讲的活力。

变换视角与角色：从不同人物、行业或文化视角阐述观点。

使用比喻与幽默：恰当的比喻和幽默拉近与听众的距离。

调整语言风格：根据场合和听众特点，适时加入专业术语或俗语，使演讲既专业又接地气。

在一次关于创新领导力的研讨会上，主讲嘉宾张先生巧妙运用了多元化的话术。他以一个引人深思的问题开启了演讲："想象一下，如果你是探险队的队长，面对未知的荒岛，你会如何引领团队找到宝藏？"这样的开场白立刻激发了听众的好奇心与探索欲。

想象一下，如果你是探险队的队长……

随后，张先生转换到讲故事的模式，讲述了一位历史上伟大的探险家如何凭借智慧与勇气成功发现新大陆的故事。

紧接着，他采用了对比分析的方法，通过图表展示传统管理与创新领导的区别，数据与事实的结合，让论点更加扎实。同时，张先生还穿插了一些幽默的管理"囧事"，逗得全场笑声连连。

在谈到创新策略时，他模拟了一场"思维实验室"，邀请几位听众上台参与头脑风暴，这种互动不仅活跃了现场气氛，也让听众亲身体验到了创新思维的过程。

演讲接近尾声，张先生以一首简短而鼓舞人心的诗歌作为总结，诗句间蕴含着对领导力深层次的理解和期待，既富有诗意又深刻。

风格多元化的演讲话术无疑能照顾到绝大多数听众的偏好，有个成语叫"众口难调"，想要获得多数人的理解和支持，话术上真诚、自然至关重要。但多元化的风格话术一定要以演讲的核心思想为中心，引导不同偏好的听众殊途同归。

演讲中话术风格单一会导致不良后果：首先，容易使听众感到枯燥乏味，难以长时间保持注意力，从而降低信息接收的效果；其次，单一风格难以适应多样化的听众群体，难以触及更广泛的情感共鸣，影响演讲内容的影响力和说服力；再者，缺乏变化的表达方式可能无法充分展示演讲内容的丰富性和层次感，导致关键信息被埋没；最后，单一风格可能反映演讲者准备不足或表达能力受限，影响个人形象及信息的权威性。因此，多样的话术风格是吸引并维持听众兴趣，有效传达信息的关键。

在一次关于教育改革的研讨会上，王先生从头至尾采用了一种极为正式且单调的演讲风格，这在一定程度上限制了信息的传达效果。

演讲伊始，王先生以标准的学术口吻展开："尊敬的各位同仁，今日我们将探讨一个至关重要的议题——教育体系如何适应数字化浪潮。"

接着，他在阐述数字化教学工具的优势时，使用了一系列专业术语和长句，如："在信息技术集成的教育生态系统中，大数据分析与人工智能算法的整合促进了个性化学习路径的生成。"这样的表述对非专业听众来说略显晦涩。

即便在介绍成功案例时，王先生也依旧沿用冷静客观的叙述："某地区通过实施电子教材与在线平台，学生的考试成绩平均提高了15%。"缺少生动的描绘和情感投入，案例显得干巴巴的，未能充分激发听众的兴趣或情感反应。

演讲过程中，王先生很少使用肢体语言或变换语速，也没有适时的停顿或提问来促进互动，整场演讲如同一篇学术论文的朗读，缺乏起伏与活力。

演讲内容本身是具有价值的，演讲者是要去获得认同和支持的，但如果话术风格过于单一，未能有效吸引听众的注意力，就会导致信息传播的效果大打折扣。单一的风格只能和单一偏好的听众相互适应，其他大部分听众则心不在焉，失去了深入探讨和交流的良机。适时变换话术风格，结合情境灵活调整，对于提升演讲的吸引力和影响力至关重要。

舞台之上的强大气场

俗话说,"方寸之地,大有可为",演讲台就是这样一块方寸之地,演讲者踏上这里就成了战士,话术是他的武器,但真正能让武器充满能量的是他的气场。气场是无声的语言,它融自信、热情与专业于一体,构建出一种让听众无法抗拒的吸引力。强大的气场能够立即抓住听众的注意力,营造出一种权威与信赖的氛围,使信息传递更加有力和令人信服。通过坚定的眼神交流、稳定的语速语调、恰当的肢体语言以及适时的情感流露,演讲者能够与听众建立起深层次的连接,激励、鼓舞乃至改变他们的观念与行动。

2011 年,一款手机首次亮相,创始人站在舞台上,身着一件黑色 T 恤,面带自信的微笑,以一句"永远相信美好的事情即将发生"开启了他的演讲。

永远相信美好的事情即将发生。

通过讲述创业的初心、产品的创新点以及对用户需求的深刻理解，创始人全程保持着高昂的热情和坚定的眼神交流。他的每一次挥手、每一个停顿，都显得自然而充满力量，不仅展现了他对自家产品的十足信心，也让听众感受到品牌的温度和诚意。特别是在介绍产品亮点时，创始人会适时提高语调，配合大屏幕上的演示，营造出强烈的现场感和期待感，成功激发了观众对这款手机的兴趣与购买欲望。

　　这场演讲不仅成功推出了这款手机，更重要的是，创始人凭借其强大的个人气场和感染力，有效地传递了自己公司的品牌理念，树立了在消费者心中的形象，充分证明了在演讲中，一个领导者或发言者的气场对于建立品牌信任、激发听众热情具有不可估量的价值。

　　"秀外慧中""不怒自威"等词语形容的就是一个人的气场，气场强大的人站在演讲台上即便不说话，其散发出的无形的魅力也能牢牢地抓住听众。在演讲中，合理地利用自身的气场去感染听众，有时候比长篇大论更直接有效。

　　培养强大气场，关键在于内外兼修。内修自信，它不是与生俱来的，而是后天通过深入了解演讲内容，多次演练至熟练，增强掌控感来练就的；外练表达，学习恰当的肢体语言、语调变化和眼神交流，提升非言语沟通的效果。同时，保持正面积极的心态，学会情绪管理，上台前深呼吸，调整至最佳状态。另外，我们还需注重形象塑造，合适的着装与舞台站位也能增强气场。最重要的是，真诚地与听众建立连接，用热情和故事打动人心，让每一次演讲都成为影响力和魅力的自然流露。

　　某科技公司的 CEO 张先生受邀发表主题演讲，介绍其公司的创新技术。张先生技术背景深厚，对产品了如指掌，但演讲经验不足，气场显得薄弱。

　　他一上台，紧张的神态和频繁的小动作立即让会场气氛略显尴尬。开场时，他试图用一个复杂的行业术语做引子，但由于缺乏有力的开场白和自信的语调，没能成功吸引听众的注意，许多人流露出困惑的表情。

演讲过程中，张先生过分依赖PPT，几乎一字不差地照读，缺乏眼神交流，使得本应生动的技术讲解变得枯燥乏味。他的声音平淡，缺乏抑扬顿挫，即便在介绍公司最自豪的创新点时，也未能激起台下观众的热情回应。肢体语言运用不当，如缺乏手势配合，站姿不稳等，进一步削减了话语的说服力。

　　由于气场较弱，张先生的演讲没能有效传达公司技术的先进性和市场潜力，反而让一些潜在的投资者和合作伙伴对公司的实力产生了疑虑。演讲结束后，媒体对此次演讲的报道也反响平平，他因此错失了展示公司形象和吸引更多资源的良机。

　　演讲中的气场弱，不仅会影响信息的有效传达，还可能错失重要的商业机会，损害个人及企业的公众形象，甚至在竞争激烈的市场环境中失去先机。因此，提升演讲者的气场和表达能力，对于企业领导者而言，是至关重要的软实力之一。

　　其实，生活中处处都是演讲台，我们时时刻刻都面对着不同的观众，强大的气场是我们语言沟通的有效辅助工具，是我们自身魅力或者威严由内而外的一种渗透。

自我信念为先，进而打动他人

  诸多演讲的话术技巧都有一个共同的基石：自我信念为先，即自信。在演讲中，自信的话术如同有灵魂的乐章，引领听众步入一场心灵的共鸣之旅。它超越了单纯信息的堆砌，成为一种具有感染力的传递媒介。当演讲者以一种确信不疑的语调娓娓道来时，每个词汇都像是被信念充盈，听众不仅能听见言语，更能感受到背后的力量和温度。这份自信来源于演讲者极其丰富的专业知识和行业阅历，它能让抽象的概念变得具象可感知，使平凡的见解焕发出新意与深度，激发听众内在的思考与情感波动。

  在一场大学生演讲比赛中，小刘进行了一场关于自信的演讲：

  历史的车轮滚滚向前，证明了自律与自信之间的紧密联系：自律的人因内心的坚持而自信，自信的人则因自律而更加坚定。正如中年李白笔下的"长风破浪会有时，直挂云帆济沧海"，他的自信来源于对理想的坚持和对自律的修炼。老年苏轼的"会挽雕弓如满月，西北望，射天狼"，更是展现了他即便年事已高，依然怀揣着豪情壮志和自律的生活态度。

自律的人因内心的坚持而自信。

然而，自信并非放纵，每一个自信的人都应以自律为镜，时刻审视自我。在课堂上，一句无关紧要的闲聊，可能会打乱他人专注的思考；在课堂外，一句无心的脏话，可能会损害你的个人形象。更不可取的是抄袭作业、考试舞弊，这不仅是浪费青春，更是对诚信品质的践踏。或许这些行为只是你的一时疏忽，但它们无疑是你自律能力欠缺、遵规守纪意识淡薄的体现。

　　自信的话术是一种无形的说服力，它帮助演讲者在阐述观点时更加坚定，即使面对不同意见，也能以从容不迫的姿态回应，保持沟通的高姿态。在突发情况下，自信的话语如同舵手熟练掌舵，灵活调整航向，确保演讲航程的平稳与精彩。

缺乏自信的演讲话术，容易出现声音颤抖、语速不稳及频繁的中断，这些现象直接削弱了信息的传达效力。演讲者可能过度依赖讲稿，视线回避听众，减少了必要的目光接触，使得沟通变得单向且缺乏互动性。语言上，他们会频繁使用诸如"可能""大概""我想"之类的模糊词语，透露出不确定性与犹豫，难以说服听众。此外，肢体语言的保守与拘谨，如双手紧握、身体僵硬，也进一步传递出不自信的信号。这样的演讲难以激发听众的兴趣与共鸣，影响信息的接收及个人信誉的建立，可能导致重要观点被忽视。

某初创公司 CEO 李华被邀请分享其创业经历和公司愿景。遗憾的是，演讲开始不久，李华的不自信便暴露出来。他频繁使用填充词，如"嗯""这个""那个"，在介绍公司创新技术时，语言组织显得混乱，缺乏条理，让人难以捕捉到重点。他频繁低头查看演讲稿，几乎无目光交流，肢体动作显得局促，双手不自觉地交织在一起。

当提及市场竞争对手的分析时，李华的表述充满了不确定性，使用了诸如"可能我们也有机会超越他们"这样的弱化语句，没有展现

对公司战略的坚定信念。问答环节，面对听众的直接提问，他多次以"我不太确定，但我觉得……"作为回答的开场白，进一步暴露了自信心的缺失。

这场演讲未能有效传达公司的价值与创新点，现场氛围沉闷，甚至有人提前离场，演讲者错失了宝贵的展示与合作机会。李华的案例警示我们，缺乏自信的演讲话术，不仅影响信息的准确传递，更会直接损害个人及品牌形象，是公共演讲中必须克服的一大障碍。

绝大部分演讲的目的是说服他人，打动他人，但前提是先要打动自己，说服自己，而强大的自信心来自于自我认同，自我肯定。古往今来，名人志士无不是有着强大的自信心，他们的语言中不会出现模糊的词汇，不会在说话时掺杂过多的口头语，更不会无所适从。因此，演讲者要多观摩前辈的演讲，感受那份坚定的自我信念，进而审视自己，提升自己，不要让缺乏自我信念的话术出现。

生动讲述，营造身临其境之感

　　身临其境的话术往往伴随着故事叙述，故事是信息和理念的有效载体，它能够以一种更自然和吸引人的方式传达复杂的概念。首先，演讲者需要将自己的情感融入其中，无论是通过语调的抑扬顿挫，还是通过面部表情和身体语言的自然流露，都能让听众感受到演讲者的热情和真诚。然后演讲者通过讲述一个引人入胜的故事，可以带领听众进入一个情感丰富的情境，使他们感同身受。在故事中穿插丰富的细节，比如场景的具体特征、人物的表情动作，甚至是环境的声音和气味，都能极大地增强听众的沉浸感。

　　在一场题为"梦回大唐"的历史文化演讲中，李博士将现场数百名听众瞬间带回了千年前的盛世长安。他开篇便说道："让我们闭上眼，深呼吸，时光的轮盘轻轻回转，脚下的土地不再是水泥森林，而是换成了青石古道，耳边隐约传来驼铃声，夹杂着市井的喧嚣与欢笑。"

让我们闭上眼，深呼吸，时光的轮盘轻轻回转……

李博士继续引导："你站在朱红的城楼下，仰望那巍峨的宫阙，大明宫的雄伟轮廓在夕阳下更显庄严。你漫步在东西市，丝绸之路上的商队带来了辛辣的胡椒与波斯的香料，色彩斑斓的织物在风中轻舞，如同万国博览会，展现着那个时代无与伦比的繁荣与开放。"

　　他细腻地描绘每一处场景："你走进一家茶馆，围坐炉边，听着说书人讲述文成公主的传奇，茶香氤氲中，仿佛能看见那浩荡的队伍正在穿越雪山草原，连接起汉藏文化交流的桥梁。"李博士的话语中充满了情感与细节，让每一位听众都能感受到那份跨越时空的震撼与感动，仿佛自己就是那繁华盛世中的一份子。"

　　演讲中，听众身临其境是对演讲者极大的认可和鼓舞，当演讲者意识到听众已进入这一状态时，他就会发挥得更加完美，他之后的每一句话都可以和听众产生共鸣。而让听众身临其境的最好办法就是让自己的话术生动起来。

演讲时提升话术生动性的秘诀在于融合直接体验及语言的视觉化效果，以此抓住听众的心。

融入个人情感和真实故事，以第一人称的视角分享，让每句话都饱含温度，直击听众的情感深处。

使用丰富的词汇和形象的比喻，将抽象的概念转化为听众能够看见的画面，让讲述的内容生动活泼。

通过变化的语调、节奏和适时的沉默，营造戏剧性和紧张感，引导听众的情绪随着你的叙述起伏变化。

利用身体语言和眼神交流，增强言语的表现力，全方位感染听众。

鼓励听众参与，无论是提问、思考，还是小互动，都能让演讲更加生动有趣。

李明的演讲主题是"探索未知，勇敢前行"。

演讲开始前，李明让一段音乐在空中飘荡。那音乐如同探险前的号角，唤醒了每个人内心对未知的渴望和好奇。

当音乐渐渐停息，李明说道："大家好，今天，我将带领大家踏上一场探索未知的奇妙之旅。"

大家准备迎接一场探险之旅吧。

李明用生动的语言描绘了一个个令人神往的探险场景。他讲述着探险家们如何在茫茫大海里寻找新大陆，如何在崇山峻岭间攀登高峰，如何在茫茫沙漠中追寻绿洲。他的声音时而激昂，时而低沉，仿佛带着听众一同穿越了时空，感受到了探险的艰辛与喜悦。

　　演讲结束时，李明用一段充满力量的话语作为结尾："探索未知，不仅仅是为了满足好奇心，更是为了挑战自我、超越自我。让我们勇敢前行，去追寻那些属于我们的奇迹和梦想吧！"全场响起了热烈的掌声和欢呼声，每个人都沉浸在这场引人入胜的演讲中，他们的心灵被深深触动，仿佛也踏上了属于自己的探险之旅。

　　成为故事的生动讲述者，而非简单的信息传递者。一味地罗列数据、阐述论点、总结归纳，会让听众觉得枯燥无味，无法有效地接收演讲者的思想。而一个简单又生动的故事，或者一段绘声绘色的描述，会让听众身临其境，对演讲者的思想感同身受，此时，他们不再是听众，而是故事的一部分，甚至是演讲者本人，完全浸润在演讲者的话术之中，无法自拔。

与观众有效互动，增强共鸣

演讲者并不是演讲唯一的主体，还有听众，二者之间不是单一的讲述与倾听的关系，成功的演讲者善于同听众互动，互动是提升演讲效果、增强观众参与感的重要方式。

开场提问：鼓励观众举手或直接回答，迅速吸引他们的注意力并及时参与进来。

现场投票：利用举手表决了解观众的看法或偏好，增加互动趣味性。

故事接力：分享一个小故事的开头，然后邀请观众续接故事，提升现场活跃度。

小组讨论：针对某个话题，让观众分成小组进行短暂讨论，促进深度思考和交流。

互动问答：演讲中途或结束前要留出时间专门回答观众的提问。

使用互动工具：现代技术提供了许多互动工具，如在线问卷、实时投票软件等。

身体语言的互动：鼓励观众通过肢体语言参与，如点头、举手示意等。

现场示范与邀请观众参与：如果条件允许，可以在演讲中进行现场示范，并邀请一位或几位观众上台参与。

讲故事并产生共鸣：分享个人经历，请观众分享感受。

在一个关于"领导力与团队协作"的
演讲会上，张先生站上了演讲台，提出了
一个问题："想象一下，如果你是一位船
长，面临突如其来的风暴，你的团队成员
意见各异，如何才能确保航船安全抵达彼
岸？"问题一出，台下观众纷纷陷入沉思。

接着，张先生邀请了几位观众上台，
进行角色扮演：一位是船长，其他几位则是船员，游戏要求他们在限
定时间内，通过有效沟通，制定一个达成一致的决策方案。

演讲台上，船长开始倾听每位船员的意见，观众们仿佛也置身于
那艘摇摆不定的船上。经过一番讨论，团队最终决定采取折中方案，
既调整航向又加强防护措施，共同应对挑战。

在游戏结束后，张先生邀请台下观众
分享观感与收获。一位观众说："亲眼看到
团队如何在压力下迅速决策，我明白了倾
听和尊重每个人的想法是多么重要。"张先
生点头赞同，总结道："真正的领导力，不
在于控制，而在于激发每个团队成员的潜
力，让每个人的声音都被听见，共同构成
团队的力量。"

互动，是双向的，而演讲者作为每一次互动的发起者，不管
是进行游戏互动、故事互动，还是分享互动等，要注意把控互动
的方式、进度、深度和氛围，充分调动听众的积极性。

在演讲中与听众互动，核心在于建立一个更加紧密和真实的沟通环境。它让演讲不再是孤立的表演，而是变成了一场共同参与的旅程。通过简单的眼神交流、提问、小调查或是邀请分享观点，可以迅速拉近与听众的距离，使信息传递更加生动有效。这样做能够调动听众的积极性，让他们从被动听讲转为主动思考，从而加深对演讲内容的理解和记忆。一次有针对性的提问，一段经历的分享，都可以达到这种效果。简而言之，互动让演讲内容鲜活起来，确保信息不仅仅是被听到的，更是被真正感受和吸收的。

东汉末年，刘备三顾茅庐。在那著名的"隆中对"中，诸葛亮展现了他的智慧与互动艺术，不仅深刻分析了天下大势，还巧妙地与刘备进行了思想上的互动。

我们是专门来向您请教的。

诸葛亮没有一开始就高谈阔论，而是先问刘备："将军您自认为，为何屡战屡败，至今未能实现兴复汉室的大业？"这一问，直接触及刘备内心的困惑，也瞬间拉近了两人的距离，使对话充满了目的性与紧迫感。

刘备坦诚相告后，诸葛亮缓缓展开他的战略蓝图，从"曹操得天时，孙权占地利"讲到"将军可占人和"，每一句都紧贴刘备的现状与愿景，仿佛是为刘备量身定制的解答。在讲述过程中，诸葛亮还不断观察刘备的反应，适时暂停，询问刘备是否理解或有何疑问，以确保策略的传达准确无误，同时也让刘备感受到被尊重与重视。

　　这场对话不仅是战略的传授，更是一场心理的互动。诸葛亮凭借深刻的洞察力与高超的互动技巧，赢得了刘备的敬佩与信任。

　　成功的演讲者追求以最少的言语，实现最佳的沟通效果，而优质的现场互动是实现此目标的最佳途径，小到一次微笑、一次点头示意，大到邀请上台参与游戏，传达的信息都是：我们其实是一体的，我们的思想一致、态度一致、行为一致。成功的互动结束后，后边的演讲会更加顺利，参与者其后对演讲者的语言的分析必然是积极的，甚至是全盘接受的，因为互动早已让他们内心产生了认同和共鸣。

引用经典故事，提升演讲品质

在演讲中引经据典，能够提升演讲的权威性和说服力，同时也展现演讲者的文化底蕴。要做到这一点，可以遵循以下几个原则：

准确性：确保引用的内容准确无误，避免错误引用导致可信度受损。

相关性：引用的内容应与演讲主题紧密相关，能够支持或强化你的论点。

简洁明了：尽量用简洁的语句引述经典，避免冗长复杂的原文展现。

情感共鸣：选择那些能够触动听众情感的经典语录或事例。

多样化：引用来源应广泛多样，包括但不限于历史文献、文学作品等。

明确出处：在引用时，最好能简要提及引用的出处。

锲而舍之，朽木不折；锲而不舍，金石可镂。

以下是一个融合了中国元素的演讲片段，旨在激励听众面对挑战时保持坚韧：

春秋战国时期，荀子在《劝学篇》中，有这样一句："锲而舍之，朽木不折；锲而不舍，金石可镂。"这句话，用最为质朴的语言，揭示了坚持与毅力的无穷力量。它告诉我们，即使是看似脆弱的木头，若轻易放弃，也无法雕琢成型；而即便是坚硬的金石，只要坚持不懈，终能雕刻出精美的图案。

再将目光投向明朝，有位传奇将领，戚继光，面对东南沿海倭寇侵扰，他带领戚家军奋起抗之，后来，由于后勤等因素影响，戚家军的兵员补给都受到了影响，但即便在内忧外患之下，他们仍靠着坚韧的品质保证了优秀的作战能力，将倭寇拒之国门之外。

我们身处的时代同样需要这份坚持与毅力。正如《周易》所言："天行健，君子以自强不息。"天体运行，刚健有力，永不停息，作为有德之人，我们应当效仿这种不屈不挠的精神，无论面对何种困难与挑战，都应自强不息，矢志前行。

契合主题、准确无误的引用是演讲话术中重要的技巧，在演讲中引经据典的基本原则是准确性与相关性。听众中藏龙卧虎，失准的引用会让演讲瞬间丧失公信力，成为笑话；而离题万里、毫不相关的引用则会显得生搬硬套和毫无意义。

在演讲实践中，合理地引经据典能够起到实实在在的作用。它如同为论述加入了权威的注脚，不仅丰富了内容的层次，还提供了一种文化参照，使得抽象观点易于接受和记忆。比如，谈及团队合作时，引用"三个臭皮匠，顶个诸葛亮"，简短而生动，听众立刻就能抓住要点，感受到团结协作的力量。这样做，既避免了枯燥的说教，又通过共享的文化认知，拉近了与听众的距离，使得信息传递更加高效和深入人心。因此，引经据典是提升演讲效果，使内容既接地气又不失深度的有效策略。

张华参加一场关于"创新与传承"的演讲比赛。

在演讲的开头，张华引用了《礼记·大学》中的一句名言："苟日新，日日新，又日新。"他用这句话来阐述创新的重要性，他又引用了《论语》中的"温故而知新"，强调在创新的同时，也不能忘记传承的重要性。

创新，是贯穿古今的精神。

在演讲的主体部分，他讲述了古代发明家张衡制造地动仪的故事，用张衡的创新精神来激励现代人勇于探索未知领域；接着又引用了《诗经》中的"周虽旧邦，其命维新"，来说明即使在古老的国度中，也有着不断革新、追求进步的精神。

最后，在演讲的结尾部分，张华用一句自己改编的话作为总结："古人之言，犹如明灯照今路；创新之魂，当燃于吾辈心中。"这句话既表达了对古人智慧的敬仰之情，又激发了听众对于创新和传承的深刻思考。

当张华结束演讲时，全场响起了雷鸣般的掌声。他的演讲不仅让听众感受到了经典的魅力，更让他们对于"创新与传承"这个主题有了更加深刻的认识和思考

一次好的引用胜过一大段高谈阔论，好处多多，比如：增加可信度，强化记忆，丰富演讲内容，提供例证，建立价值观联系，融洽演讲气氛，激发听众思考，加固印象等。而经典引用还能为演讲内容增添文学色彩，使其更加生动和引人入胜。简而言之，引经据典是一种有效的演讲技巧，能够提升演讲的质量和效果，但需要确保引用恰当、时机适宜，避免过度使用或与演讲主题不相关。

学习名家经验，塑造独特的演讲风格

学习演说家的经验对于提升个人的演讲能力至关重要。它可以帮助个人更有效地传递信息，增强说服力，同时也能增强个人在公众面前的威信。通过观察和模仿成功的演说家，可以学习到如何组织演讲内容、控制语速和语调，以及如何运用肢体语言来增强表达效果。此外，了解如何根据不同听众和场合调整演讲风格，以及如何理解和满足听众的需求，都是提高演讲效果的重要方式。

学习演说家的经验还能帮助个人避免常见的演讲错误，比如过度使用口头禅、缺乏眼神交流或者内容组织混乱等。同时，它还能教会个人如何通过故事讲述、情感投入和互动来吸引听众的注意力，提高演讲的吸引力和影响力。

实际上，学习演说家的经验是一种快速提升个人演讲技能的途径，它可以帮助个人在各种公共场合，无论是商业演讲、学术报告，还是社交活动，都能够更好地表达自己的观点，赢得听众的认同和支持。

苏秦，战国时期杰出的纵横家，师承鬼谷子，其励志求学的故事激励世人。面对秦国游说失败及归乡后的冷遇，苏秦毅然决定闭门苦读，誓以才学改写命运。

为克服困倦而专心致志读书，苏秦采

用极端自律之法："刺股"。夜深人静，读书至极困时，以锥刺股，让剧痛驱散睡魔，保持清醒继续钻研。如此艰苦卓绝，不仅展现了他对学问的渴望，更彰显了他不畏艰难、自我磨砺的坚忍精神。

终于，苏秦学有所成，提出的"合纵"策略成功联合六国，共抗强秦，个人声望也随之达到顶峰，佩戴六国相印，实现了人生的重大转折。苏秦的故事，不仅是智慧与策略的胜利，更是对勤勉不懈、勇于挑战自我极限的颂歌，激励后人无论境遇如何，皆可通过不懈努力，实现自我超越与对命运的改写。

这简直像做梦一样。

　　没有谁是天生的演说家，成为演说家最重要的一条途径就是学习前辈的经验，尤其是在信息发达的今天，诸多学习工具能让我们的学习事半功倍。前辈的经验经过了反复的锤炼和印证，可使我们少走弯路，早日成为一名优秀的演说家。

要在演讲中通过学习先辈经验形成自己的风格，实际操作上可以这样做：

首先，深入研究演说家的录像或文稿，注意他们如何吸引听众、如何用故事传递信息、如何巧妙使用停顿和语调变化来强调重点。

其次，从实践中找感觉。定期参加或组织小型演讲活动，每次尝试模仿一位你喜欢的演讲者的一个特点，比如语速、手势或眼神交流，但同时保持内容的真实性和个人色彩。

再者，不断积累生活经验和知识，让自己的演讲内容丰富且具有深度。

最后，保持自我，不要完全复制他人。

主持人老白在各类演讲和主持中展现出的独特风格，很好地诠释了如何通过学习前辈经验，从而形成自己的风格。

老白在演讲中经常引用古今中外的典故，结合个人经历和社会现象，以讲故事的方式深入浅出地传达思想。例如，在谈论青年人的成长与责任时，他可能会借用历史人物，如鲁迅的"无穷的远方，无数的人们，都与我有关"来激发听众的共鸣。

老白的演讲风格深受观众喜爱，很大程度上得益于他对前辈智慧

老白讲的，
我爱听。

的吸收与转化。他不仅学习传统播音员的语音规范和表达技巧，还融入了自己对时代的深刻理解和对人性的细腻观察，形成了既正式又不失亲切，既严肃又富含温情的个性化表达。在准备演讲时，他强调"内容为王"，确保每一场演讲都能带给听众有价值的信息和思考。

老白还非常注重与听众的互动，他会在演讲的过程中适时提出问题，邀请听众思考，这种互动不仅增加了演讲的生动性，也让他的演讲更加贴近人心，形成了一种独特的互动式演讲风格。

谁来回答这个问题呢？

　　站在巨人的肩膀上眺望，使你的视野更宽广、起点更高。通过分析历史上杰出演讲者的语言魅力、内容编排与情感调动策略，你可以吸取其精髓，将其运用在自己的演讲上。在此基础上，结合个人经历、价值观和时代背景，融入创新元素，不仅能让演讲内容更加贴近现代听众的需求，还能在众多声音中脱颖而出，形成独一无二的演讲风格。简而言之，借鉴前辈的经验是为了超越，个性化风格的形成是演讲者影响力的基石。